Cahier Sauvage

カイエ・ソバージュ I

人類最古の哲学

［新装版］

中沢新一
Nakazawa Shinichi

講談社選書メチエ

le livre

はじめに　カイエ・ソバージュ（Cahier Sauvage）について

全部で五冊の予定でこれから続けて出されるCahier Sauvageのシリーズは、ここ数年の間におこなわれた講義の記録である。講義のおこなわれた場所は主に大学で、それを聞いているのはだいたいが大学の二・三年生、毎週木曜日の午後に「比較宗教論」の名前でおこなわれた。

講義の記録を本にするのは、今度がはじめてである。講演とはちがって、ひとつの主題をじっくり時間をかけて展開することができるし、文章を書くのとちがって、ここにはリアルタイムの批評家としての聞き手がある。聞き手との間の暗黙の駆け引き、関心を引き寄せるための演技。こうした心理的要素が、講義という形式に独特のケレン味を与えている。講義という形式をずいぶんと気に入っていることに、最近になって私は気付いた。

歩いているときや話をしながら同時に考えていることが多いので、せっかく浮かんだよいアイディアがそのまま消えてしまうこともしょっちゅうなのだが、これらの講義に限っては、熱心に記録を取っておいてくれる学生たちがいたおかげで、話されながら浮かんできた思考の飛沫は、幸いにして消滅をまぬかれることができた。あまり準備をしすぎると、よい講義はできない。インプロビゼーションの闊達さが消えてしまうからである。素材を選び、だいたいのコード進行を決め、語りだしのキーの高ささえ決めておけば、あとは主題が（うまくいけば）自動的に展開していってくれる。そういう信仰が揺らがなければ、その講義時間は幸福である。しかしひとたびそこに動揺が忍び込むときには、むなしさに淀んだ気持ちを抱えながら教場を後にすることになる。

この一連の講義によって、私は自分たちの生きているこの現代という時代の持つ過渡的な性格を、明らかにしてみようと努めた。私たちは科学革命という「第二次形而上学革命」（これはウエルベックが『素粒子』で使っている言い方だ）以後の世界を生きている。そしてその世界がようやく潜在的可能性の全貌を、遠からぬ将来あらわに示すであろうというさまざまな兆候が、現れ始めている。

この第二次の「形而上学革命」は奇妙な性格を持っていることを、レヴィ＝ストロースがすでに明らかにしている。近現代の科学が駆使してきた思考の道具一式は、およそ一万年前にはじまった新石器革命の時期に、私たちもその子孫であるホモサピエンス・サピエンスの獲得した知的能力の中に、すでにすべてが用意されていたのである。技術や社会制度、神話や儀礼を通して表現されたその能力と根本的に異なるものを、私たちの科学はかつて一度もしめしたことがない。量子力学と分子生物学でさえ、三万年前のまだ旧石器を用いていた頃のホモサピエンス・サピエンスの脳に起こった革命的な変化が可能にした、その直接的な思考の果実なのである。

第一次の「形而上学革命」である一神教の成立がもたらした宗教は、新石器革命的な文明の大規模な否定や抑圧の上に成立している。その抑圧された「野生の思考」と呼ばれる思考の能力が、第二次の「形而上学革命」を通して、装いも根拠も新たに「科学」として復活をとげたのである。現代生活は、三万数千年前ヨーロッパの北方に広がる巨大な氷河群を前にして、サバイバルのために脳内ニューロンの接合様式を変化させることに成功した人類の獲得した潜在能力を、全面的に展開することとして出来上がってきたが、その革命の成果がほぼ出尽くしてしまうのではないか、という予感の広がりはじめているのが、今なのである。

私たちはこういう過渡的な時期を生きている。第三次の「形而上学革命」はまだ先のことだ。そういう時代を生きる知性に与えられた課題は、洗礼者ヨハネのように、魂におけるヨルダン川のほとりに立って、きたるべきその革命がどのような構造を持つことになるかを、できるだけ正確に見通しておくことであろう。宗教は科学（野生の思考と呼ばれる科学）を抑圧することによって、人類の精神に新しい地平を開いた。その宗教を否定して、今日の科学は地上のヘゲモニーを獲得した。そうなると、第三次の「形而上学革命」がどのような構造を持つものになるか、およその見通しを持つことができる。それは、今日の科学に限界づけをもたらしている諸条件（生命科学の機械論的凡庸さ、分子生物学と熱力学の結合の不十分さ、量子力学的世界観の生活と思考の全領野への拡がりを阻んでいる西欧型資本主義の影響力など）を否定して、一神教の開いた地平を科学的思考によって変革することによってもたらされるであろう。

そこでこの一連の講義では、旧石器人類の思考から一神教の成り立ちまで、「超越的なもの」について、およそ人類の考え得たことの全領域を踏破してみることをめざして、神話からはじまってグローバリズムの神学的構造にいたるまで、いたって野放図な足取りで思考が展開された。したがってこのシリーズは「野放図な思考の散策」という意味をこめて、こう名づけられている。もちろんそこには *La Pensée Sauvage*（『野生の思考』）という書物とそれを書いた人物への、私自身の変わらぬ敬愛と憧憬がこめられていることはたしかである。私は七十年代までに展開された二十世紀知性の達成に対する深い尊敬と愛を、今も変わることなく抱き続けていて、そのノスタルジーが私を過去につなぎとめている。

＊　＊　＊

さてCahier Sauvageの一冊目では、神話が主題となる。いずれのタイプの形而上学革命も起こる以前、とりわけ国家や一神教が発生する以前の人類は（旧石器時代の後期から）、この神話という様式を用いて、宇宙の中における自分たちの位置や、自然の秩序や人生の意味などについて、深い哲学的思考をおこなってきたのである。神話はのちの宗教とはちがって、どんなに幻想的なシチュエーションを思い描いているときにも、現実世界への強烈な関心とその世界を知的に理解したいという欲求を、失うことがない。現実の世界を犠牲にしてまで、観念や幻想の世界に没頭しようという非現実性に陥ることが、神話にはけっしてなかったのである。

そのために、国家というものを持たなかったいわゆる「自然民族」の語り伝えた神話には、現実の世界とのつながりを失うことのない、素朴だが複雑ななりたちをした「論理」の体系が潜在している。レヴィ＝ストロースがそのことを、前世紀の後半にあきらかにした。『神話論理』に結晶したその研究は、「人類の思考のすべての領域を踏破する」ことをめざす私たちの探求にとっても、不朽の価値を持っている。私たちは「カントから超越性を抜いて」進められたレヴィ＝ストロースの研究を、超越的なるものの発生を射程にいれた私たちの探求に、大いに活用しようと考えた。神話の独自性とその内部にかかえこまれた矛盾（そこから超越的な宗教と国家が発生する）をあきらかにすることによって、人類が神話の世界からどのような土地に歩み出すことになったのかを知ることも、私たちの大きな主題なのだ。

「シンデレラ」の物語が主要な素材である。現代ではウォルト・ディズニーのアニメによってすっかり有名なこの物語は、さまざまな異文をともないながら、ユーラシア大陸に古くから（最初の記録は九世紀におこなわれている）広く伝承されている。この物語は民話として語られながら、神話としての特徴を失っていない稀有な例である。しかも神話としてのその古さは、旧石器時代にまで遡るであろうと考えられる、とてつもない深さをそなえている。この物語を徹底的に分析しつくすことによって、私たちは神話の生命というものについて、考えてみようとしたが、それによって「哲学」なる言葉に野生のたたずまいを回復してみたいと願ったのだ。

中沢新一

謝辞

この巻の素材になった講義のテープ起こしと整理にあたって、馬淵千夏さんと竹下綾さんの協力を得た。編集の作業を行ってくださった園部雅一さんともども、深い感謝の気持ちをお伝えしたいと思います。

人類最古の哲学　目次

序章

はじまりの哲学

「はじまりの哲学」

これから神話学入門の話をします。神話は人間が最初に考え出した、最古の哲学です。どんな領域のことであれ、人間ははじめにしか本当に偉大なものは創造しないものです。わたしたちが今日「哲学」という名前で知っているものは、神話がはじめて切り開き、その後に展開されることになるいっさいのことを先取りしておいた領土で、自然児の大胆さを失った慎重な足取りで進められていった後追いの試みにすぎないのかも知れません。神話はそれほどに大胆なやり方で、宇宙と自然の中における人間の位置や人生の意味について、考え抜いてこようとしました。人間の哲学的思考の、もっとも偉大なものとは、まさに神話の中に隠されているのです。

ところが今日の学校教育は、神話についてほとんど語ろうとしません。神話は幼稚で、非合理的で、非科学的で、遅れた世界観をしめしているものとされていますから、それについて学んだところで、今日のように科学技術が発達した時代においては、まるで価値がないと考えられています。それに日本では戦後、教育のやり方が大きく変わり、『古事記』や『日本書紀』に語られている神話を教えたがらなくなりました。これは本当に惜しいことです。

『記紀』神話は八世紀に、明確な政治的意図をもって編纂《へんさん》されたものではありますが、その中にはあきらかに新石器文化に属している（なかには中石器時代にまでさかのぼる性質をしめしているものもあります）きわめて古い来歴をもつ神話が、たくさん保存されているのです。これは世界の諸文明の中でも、あまり類例のないことです。アマゾン河流域の原住民が語りつづけてきた神話とそっくりの内容を持った神話が、『記紀』には語られています。またそれが北米インディアンの語る神話と共鳴しあっています。人類最古の哲学的思考の破片が、そこでキラキラと光っているのが見えるのです。そんなに魅力的なものを子供たちに教えないというのは、なんともったいないことなのでしょう。

学校教育が与えようとしている知識のほとんどは、せいぜいこの一〇〇年から一五〇年間の「モダン」の時代に集積された知識にすぎません。「哲学」といっても、ギリシャで創り出されて以来二五〇〇年ほどの歴史しか持っていません。ところが「はじまりの哲学」である神話は、少なく見積もっても三万数千年にわたる、とてつもなく長い歴史を持っています。その長い期間に、人間が蓄積してきた知恵と知性が、神話には保存されています。神話もたえず変化や変形をとげてきましたが、その核の部分には、最初に燃え上がった哲学的思考のマグマの熱が、いまだに保存されています。ですから神話を学ばないということは、人間を学ばないということに、ほとんど等しいかと思えるほどなのです。

新石器革命

神話は人類最古の哲学であると最初に言いました。しかしそれはいったいいつ頃語られはじめたものなのでしょうか。私たちが「神話」として知っているものは、整った語りの様式をそなえ、ときには美的な感動までもたらします。最初から神話がそんなふうによく出来たものであったということは、あまり考えられません。人間の中に哲学的思考の小さな火花が発し、それら火花のあいだにつながりが認識され、それがしだいに組織されて、神話は出来上がってきたのだと思います。哲学的思考の最初の火花が人間の脳の中に発したのは、それはおそらく上部旧石器時代（Upper Paleolithic Era）と呼ばれる時代であろうと思われます。それは三万数千年前、ショーベ洞窟などに、私たち現生人類（「ホモサピエンス・サピエンス」）の先祖たちが生活していた時代です。

現生人類の以前に地球上にいたネアンデルタール人たちが、神話を語っていたかどうか、これにはまだわからないことが多すぎます。認知論的考古学の研究によれば、ネアンデルタール人たちも、墓をつくり埋葬をおこなっていましたから、死後の世界の観念を持っていたように思われます。しかし、大脳の容量が現生人類よりもずっと大きいことから推論されるのは、彼らの脳が言語的認識をおこなう部分、社会的認識をおこなう部分、植物や動物の世界に関する博物学的認識をおこなう部分などに特化されて別れて発達して（考古学者たちはそれを「スイス・アーミーナイフ」のような、と表現しています）、おたがいのあいだにスムーズな連結網はまだよく発達していなかったのではないか、というのです。

私たちが今日知っている神話のすべてては、異なる認識領域を結びつけ、それらのあいだを流動的に動いていく知性活動を特徴としています。ですから、ネアンデルタール人たちの語っていた「神話」というのも大いに考えられますが、それは私たちの知っている「神話」とはだいぶ異質なものであったような気がします。脳の中に異なる認識領域をつないで、自在に流動していくニューロン・ネットワークが形成されるようになってはじめて、それまで異なる認識領域に蓄積されてきたたくさんの知識が、神話に組織立てられるようになったのではないでしょうか。哲学的思考というものの最初の火花が、そのとき瞬《またた》きだすのです。ネアンデルタール人たちは死の現実を記号化することができましたが、現生人類たちはそれを「意味」にまで組織化することができたと言えるでしょう。

この人々が長い期間をかけて、新石器革命を準備します。そして今から八千〜一万年ほど前、地球上のいくつかの地点で、新石器の革命が起こっています。農業が開始され、動物の家畜化がおこなわれるようになります。上部旧石器時代の狩猟民たちの知識と体験の集積をベースにして、この飛躍が起こりました。おそらくこれは、人類が体験したもっとも巨大な革命です。その後今日にいたるまで、これに匹敵するほどの革命はなされていません。現代文明でさえ、新石器革命の土台の上に開花したものですし、これに比べたら、フランス革命もロシア革命もＩＴ革命も冗談のように見えてきます。

そしてこの時、人間の文化のあらゆる領域で、「組織化」ということがおこなわれました。この中石器時代（中石器時代というのは、旧石器時代から新石器時代にかけての長い移り変わりの中間的な時期のことをさしています。この時期に革命は準備されたと言えます）に、思考の領域でも組織化がおこなわれます。それは人類の中に最初の哲学の形態である神話をつくりだしました。そしてそれが、今日私たちの知っているすべての神話のベースとなりました。ユーラシア大陸の北東部、カリフォルニア・インディアン、アマゾン河流域、オーストラリア大陸などに、そうした最も古い時代の神話（これを「古神《プロト》話」と呼びましょう）のおもかげが保存されているように思われますが、こうした「古神話」を核として、それを変形しながら全世界でおびただしい数の神話が、つぎからつぎへと生みだされていったのです。

これらの神話は、ユーラシア大陸の全域に拡がっていきましたし、ベーリング海峡を越えてアメリカ大陸にも入り込みました。東南アジアから北東シベリアにかけてはモンゴロイドたちが住んでいて、この人々がアメリカ大陸に渡っていきましたから、環太平洋の全域には、深い共通性を持った神話が伝えられることになりました。狩猟民たちの移動の速度を甘く見てはいけません。中石器の時代、貴重な知識財といえるいくつかの神話は、広大な領域に瞬くまに拡がっていったことが考えられます。ですから、今、私たちが日本の神話として知っているものが、とんでもなく遠く離れた所にほとんど同じ形態で語られていることには本当に驚いてしまいますが、これは神話が知識財として中石器時代から新石器時代にかけて、地球の広大な領域に拡がっていった事実を示しています。こうした広大な視野のもとに、これから私たちの考える「人類の哲学史」の最初の頁を開いていくことにしましょう。

神話と科学

神話は特有の論理をもって語られます。その論理は一見すると、私たちが普通「論理」と呼んでいるものとは、だいぶ異質な働きをしています。人間と動物が変身によってたがいの位置を融通無碍に入れかえたり、おたがいの果たしていた機能を逆転させてしまったり、とにかく「A＝AでありA＝非Aでない」という通常の論理が通用しなくなるのです。神話の活用する論理は「弁証法」という論理に似ているところがありますし、仏教などが駆使する「非即の論理」ともよく似ています。とにかく神話の中でものごとは形式論理のようには進行せず、ダイナミックなねじれやひっくり返しやカタストロフィ的な飛躍がしょっちゅう起こるようにできています。

しかも神話は「感覚の論理」をもちいるために、いっそう非合理な印象を与えます。感覚の論理とは見たり、聞いたり、匂いを嗅いだり、味覚で味わったり、皮膚で触ってサラサラやベタベタといった触覚をもったりといった具体的な感覚を素材にして展開される論理です。こういう具体的な感覚素材を象徴的な「項」にして、それらを論理的に組み合わせることで、世界の意味や人間の実存について考え抜こうとしています。ですから神話にはどことなくシュールレアリスム芸術を思わせるところがあり、二〇世紀に「神話の科学」がおもにフランスで発達したことにも、深い理由がありそうです。

シュールレアリスムは、「感覚の論理」を徹底させていくと無意識の領域でおこなわれる論理がまるで自動機械のように進行していくことを明らかにしました。神話でもよく似たことがおこります。脳内の論理に加えられる時間的・空間的な制約ができる限り取り除かれていくと、神話に特有な論理(それをこれから私たちは探っていこうとしているのですが)が自由に動きだすようになります。そのために、神話を語ったり聞いたりしていると、とてつもない自由にみちた時空に滞在しているような感じを持つようになります。神話はこの自由な空間と時間のなかで、人間と宇宙の意味を思考しようとしているのですから、それを哲学の先行者と呼んでも間違いはないでしょう。

では科学と神話とのあいだには、どんな関係があるのでしょうか。神話を生みだした思考、すなわち神話的思考は自分のまわりの世界について、いつもくわしい観察をおこなっています。動物や植物の生態や分類について集積された膨大な知識が、その背後には潜んでいます。生活に有用な領域の自然について、神話は現代の科学者たちにも負けない「科学的精神」を発揮してみせるのです。

しかし、さきほども言いましたように、神話は動植物の分類をおこなったり道具を使ったりすることに「特化」された領域相互のあいだに、流動的な通路を開くものとして（そして、そこから象徴的思考というものがおこってきます）、人間のうちに生まれてきたものです。そのために、現実性や有用性という点からみればまったく手におえない存在や筋立てが登場してきます。自然界には存在していないような不思議な生き物や、たとえ実在していても分類する思考を機能停止に陥らせてしまうような怪物的な存在などが、神話には積極的にあらわれてくるのです。この点をつかまえて、現代の常識は、神話を子供じみたファンタジーと同一視したがります。

しかし、現代物理学の最先端でおこなわれている理論的な研究のいくつかを、ずっと昔の神話作者たちがつぶさに検討してみる機会を得たならば、彼らは超弦理論や並行宇宙論などを自分たちのよく知っている神話の一種とみなすに違いありません。これらの理論はいまのところは実験の手段がありませんから、現実との正確な照応関係を持っていません。そこではいわば科学に「特化」された領域の外のことについて語っているために、同じように分類的思考の外に触れながら生み出されている神話と、奇妙な共通性を持つことになっているのです。

ハイゼンベルクやパウリのような偉い物理学者たちは、自分たちのやっている科学の仕事と神話の思考とのあいだの深いつながりを、はっきりと意識して研究をしていました。ハイゼンベルクによれば、量子論はプラトンの神話的哲学の直系の子孫なのです。今日ではもうこういう考えを科学者たちはあまり認めたがらなくなりましたが、そのうちに科学者もこういう考えの正しさに気がつくようになるはずです。神話も科学も、同じ現生人類《ホモサピエンス・サピエンス》の不変の脳が生みだしたものとして、兄弟の関係を持っています。

フレイザーの衝撃

みなさんが神話といって思い浮かべるものは、『古事記』や『日本書紀』、エジプトやギリシャやメソポタミアの神話、あるいはヨーロッパの古いケルト神話などかも知れません。聖書なども冒頭の部分などはまぎれもない神話です。これらはすべてある時代に文字によって記録された神話です。ところがこういう神話は、人間がつくりだした神話のごく一部にしかすぎません。

神話というものを語りだしてから二万年以上もたってから、人間は文字を持つようになったにすぎませんから、無文字時代にどれほどたくさんの神話が語られていたかなどは、想像もできません。その無文字社会の状態は非常に長く続きました。人間が文字を持つようになってから、まだ数千年しかたっていません。その文字がなかった時代に、人間はどれほどの数になるのか、想像もできないほどの神話を作りだしました。

例えば、アメリカ大陸の先住民たちは文字を持ちませんでした。文字に記録することをせず、口頭で神話の伝承は続けられました。一六世紀以降にはじまった白人との接触によって、神話は文字に記録されるようになったのですが、同時にその接触は先住民の固有文化の破壊を意味したわけですから、神話についての知識を得たかわりにそれを語っていた人々の文化は消えていったことになります。この矛盾と苦しみにみちた歴史を通過して、私たちのもとには多くの数の、いままで知られていなかった無文字社会の人々の神話が知られるようになりました。

一九世紀末から二〇世紀にかけて、ようやく人類学（Anthropology）または民族学（Ethnology）という学問が始まります。それまでは宣教で出かけた神父たちや商売のために未開地に出かけた商人のなかの奇特な人たちが、原住民から聞いた神話を、報告書や探検記のなかに記録したものが多く、その採集のやり方は場当たり的なことが多かったのですが、人類学者たちは体系的組織的な採集を心がけようとしました。神話をただお話として記録するだけでなく、それが語られている社会のほかのさまざまな生活慣習やものの考え方などもいっしょに研究したのです。その結果、実に膨大な数の神話の正確な記録が得られるようになり、ここにようやく現代神話学の基礎が出来上がってきました。

その基礎を最初に築いた人物の一人として、まずまっさきにあげなければならないのはジェームズ・フレイザーでしょう。フレイザーは未開地の調査ということはいちどもしたことのない人ですが、それまでに蓄積された調査資料をもとに、全一三巻からなる『金枝篇《きんしへん》』という大著を書きあげました。そのほかにも『火の起源の神話』『洪水神話』など、興味深いたくさんの本を書きましたが、彼は世界中に伝承されてきた巨大な神話の大陸を前にして、そこに秘められている思想をとりだそうという試みをおこなったのです。

『金枝篇』の出版された年の前後には、ジェームズ・ジョイスの『ダブリン市民』が出ていますし、アインシュタインが相対性理論を発表しています。いってみれば「現代文化」を代表する思想や表現がさきを争って出現してくる時期に、フレイザーの著作もあらわれ、同時代の文化に絶大な影響を及ぼしたのです。そういう影響を数え上げたらきりがないほどです。現代詩のさきがけをなしたエリオットの『荒地』や、小説ではジョイスの『ユリシーズ』やコンラッドの『闇の奥』、エイゼンシュテインの映画やストラビンスキーの音楽など。また彼の仕事は古典学を一新して、ここから現代神話学のさまざまな試みがあらわれてくることになります。

レヴィ=ストロースの「野生の思考」

フレイザーが神話学をはじめた当時は、ダーウィン進化論の影響を受けた社会進化論の考え方が、強い影響力を持っていました。そのために神話は、人類の幼稚で未開な段階の思考の特徴をしめしている、と考えられることが多かったのです。ところが、こういう状況を根底からくつがえす人類学者が、それから三〇年ほどたって出現します。それがクロード・レヴィ=ストロースです。彼は一九五〇年代のはじめ頃から神話の研究に取り組み、私たちの前にまったく新しい理解にもとづく、神話の世界の真実をしめしてみせたのです。「人類最古の哲学としての神話」という表現も、じつはこのレヴィ＝ストロースによるもので、神話は「感覚の論理」を駆使して、宇宙の中での人間の生の意味を語りだそうとする、人類の大胆な哲学行為のはじまりをしめすものとして、みごとに描きだされることとなりました。

この人の神話学の方法については、この本の中で実際の問題に触れながらお話していくとして、ここでは企画の壮大さとそれを実現させた驚嘆すべき努力についてだけ、語っておくことにしましょう。一九五〇年代に神話研究に着手した頃、レヴィ＝ストロースは構造主義の方法を用いて、マルクスの思想の現代的な発展を、神話研究を通じておこなおうとしていたふしがあります。社会の上部構造と下部構造の関係については、マルクスは『ルイ・ボナパルトのブリュメール十八日』などにいくつかのデッサンを残しただけで、決定的な理論を書き残しませんでした。その問題に人類学の方からアタックしようとしたレヴィ＝ストロースは、『アスディワル武勲詩』のような作品で、インディアンたちがおこなっている生産や交換などの現実の行為とその背後にある下部構造の動きが、神話という上部構造にどのように表現され、また上部構造の表現（イデオロギーのことですが）がどうやって現実のかかえる矛盾を解決したりしているのかを、あきらかにしようとしています。

そして一九六〇年代に入って、『神話論理 *Mythologiques*』という本を書きはじめるのです。これは、全四巻で二〇〇〇ページを超える膨大な著作で、南アメリカと北アメリカで記録された数千に及ぶ神話をすべて詳細に調べあげ、その中から八百数十個ほどを選びだして緻密な分析がおこなわれています。神話の語りをつくりあげている複雑なコードの組成があきらかにされ、それらが相互にどう関係しあっているのかがしめされました。神話は別の神話へとつぎつぎと姿を変え、変形をおこなっていきますが、その変形はラヴェル作曲の『ボレロ』のような足取りで進行していきます。レヴィ＝ストロースはみずからこの『ボレロ』の足取りを追いながら、何百という神話がひとつの巨大な宇宙をつくりなしているさまを描き出してみせました。

彼の研究によって、現代神話学はまったく新しい地平に躍り出ていくこととなったのです。私たちは科学性と芸術性を調和させる方法を模索しつづけていますが、レヴィ＝ストロースのなしとげた仕事の中に、私たちはこの科学性と芸術性の結合の、最もみごとな実現をみいだします。これからみなさんにお話する神話についての私の考えが、このレヴィ＝ストロースの神話論から大きな影響を受けていることは申し上げるまでもありません。

神話はみだりに語ったり聞いたりしてはいけない

神話はそもそも語られるものですから、物語の一形態ということになります。しかし私たちが普通、物語と呼んでいるものとはすこし違います。私たちは今も物語を楽しんでいます。小説、映画、テレビドラマ、お芝居。ときには政治のなりゆきさえ物語をなぞろうとしている場合があります。こういう物語は原則としていつどこでも楽しむことができるという特徴を持っています。しかし、神話はそうそう自由な環境の中で語られていいものではありません。神話は、限られた時間と空間の中で、おごそかな雰囲気に取り囲まれながら語られることが多いのです。

みだりな気持ちで神話を聞いてはいけないという考えがあるのです。なぜなのでしょう？　神話は人間の精神の奥深いところで働いている無意識の論理過程が、外からの影響力から自由になった状態で、自由に結合や反転や変形をおこないながら、自分を展開しようとしているものですから、そんなデリケートなものを不用意に世俗の意識にさらしてはならない、という考えがあったからだと思います。神話はいわば「語られないようにして語られなければならない」ものとして、秘密めいた雰囲気に取り囲まれていました。

この秘密めいた雰囲気が、神話を普通の物語と分けています。世の中で「秘密のあるもの」とは、みんなそんな風にして自分を見せながら隠すものです（隠しながら見せる、のではありません）。神話の語りを通して、人々の前には原初の状態にある神話が姿をあらわしますが、それはあらわれると同時に自分を隠してしまいます。そうして思考の原初は自分を秘密の中に隠すのです。神話は長いあいだそうやってよそ者からは隠されてきたのですが、人類学の調査というものがはじまった頃、とうとうそれも文字に記録されて、出版さえされるようになって、今日の神話学というものがはじまったわけですから、私たちは文字になった神話を読むたびに、ああこれはエドガー・アラン・ポーの『盗まれた手紙』のようにして、表面に自分をさらけだしてみせることによって、逆にいままでよりもっと深い秘密の中に隠れていこうとしているのだな、という怖れの感情を抱きながら読んでいくべきだと思います。

神話のつつましい願い

神話が好んで語りだすのは、内側と外側がすんなりひとつにつながってしまう場所だとか、動物と人間のようにいまは別々の存在になってしまっているものたちが同じ生き物であったときのことだとか、いまいる場所がとてつもなく遠いところの異界にくっついてしまう奇妙な特異点だとか、いまのようにまわりの生き物たちから優越した存在ではなく、動物たちと同じことばをしゃべって対等なつきあいをしていた頃のことなどです。

たとえばイヌイットたちは、つぎのような話を伝えています。


はじまりのとき、動物と人間のあいだには、ちがいがなかった。

その頃はあらゆる生き物が地上に生活していた。人間は動物に変身したいと思えばできたし、動物が人間になることもむずかしくはなかった。たいしたちがいはなかったのだ。

生き物は、ときには動物であったし、ときには人間であった。みんな同じことばを話していた。

その頃は、ことばは魔術であり、霊は神秘な力を持っていた。

でまかせに発せられたことばが霊妙な結果を生むことさえあった。

ことばはたちまちにして生命を得て、願いを実現するのだった。願いをことばにするだけでよかったのだ。
しかし説明したらだめになる。昔は万事がそんな風だった。
（ミッシェル・ピクマル編『インディアンの言葉』中沢新一訳、紀伊國屋書店）

こうした神話によって私たちは、人間と動物がもともとは深い共生関係にあったことを知ります。今では私たちは、動物と人間のあいだには大きな隔たりがあって、そのあいだに越えることができない大きな溝があるように思いこんでいますが、神話を語っていた人たちはそうは考えなかったようです。しかも人間と動物との連続性を強調する、このような神話によって、この地球上で人間は特権的な生き物なのではないと主張しようとしています。人間は火を自由に扱うことができるし、ことばをしゃべり、技術を扱います。しかし神話の考えるところによると、私たち人間もほかのすべての生き物と同様この地球上を仮の住まいとしているだけで、ときがいたればそこから消滅していくことだってありうる（神話は未来において大洪水が発生して、人間がまた滅びてしまう可能性だって否定しないのです）、宇宙の中ではいたってか弱い存在にすぎないのです。
そのために、人間は決して無条件に他の動物に優越している生き物でありうるはずがなく、動物たちの生命をみだりに奪うことも許されないし、動物たちを軽蔑したり、ペットや家畜にしていたずらに「小児化」することも許されないはずです。神話が語るように、人間と動物たちがもともとは兄弟であり親子であり、あるいは結婚もする相手同士で、潜在的な姻戚でもあるということになれば、どうしてこれらの友たちが狂牛病や口蹄疫にかかったといって、無感動なまま大量に殺したりすることなどができるでしょう。神話は、人間に自分にふさわしいつつましい場所を、宇宙の中で与えようとした哲学です。近現代の哲学には、こういう謙虚さをもはやみいだすことが難しくなっています。

時間と空間がひとつに溶け合う場所

あらゆる神話には、ひとつのめざしていることがあります。それは空間や時間の中に拡がって（散逸して、とでも言いましょうか）、おおもとのつながりを失ってしまっているように見えるものに、失われたつながりを回復することであり、互いの関係があまりにバランスを欠いてしまっているものに、対称性を取り戻そうとつとめることであり、現実の世界では両立することが不可能になっているものに、共生の可能性を論理的に探り出そうとすることです。

この点で神話は儀礼や神秘主義などに近づくことになりますが、神話はこの世界の現実の中で、そのような始原の状態が実現できるとは考えないところが、熱狂《オージー》を求める宗教とは大きく異なっています。神話はあらゆるものが区別をなくす世界の実現などは求めません。ただそのことを思考して、「もはや存在せず、恐らく決して存在しなかったし、これからも多分永久に存在しないであろうが、それについて正確な観念をもつことは、われわれの現在の状態をよく判断するために必要であろうような一つの状態をよく知る」（レヴィ＝ストロースが好んで引用するジャン＝ジャック・ルソーの言葉）ことを願って、神話の夢は紡ぎだされてきたのでしょう。

神話は宗教の熱狂からは距離を保っているように思えます。たしかにそれは、私たちから見ればずいぶんと非合理な論理を好むように見えますが、その内部に深く入りこんでみれば、非合理の水際に限りなく接近しながら、そこに溺れてしまうことはありません。どこまでも思考の力が働いて、神話を理性（理性という言葉を拡大して使うことにしましょう）の領域につなぎとめています。この特徴は国家というものを持たなかった社会で特に顕著です。国家の誕生は人間の暮らしに、ひとつの解決不能な非合理ないし不条理を持ちこむことになりましたが、それが出現する以前の、まだ人々が自分たちのつくっている社会のかかえる不条理を思考の力によって解決できると考えていた時代には、人間は神話によって、不条理の本質を考えようとしていたのだと思います。

この意味でも、神話ははじまりの状態の哲学であると言えるのではないでしょうか。そのような神話は哲学と同じように、打算や世論へのおもねりなどのことは少しも考慮しないで、つとめて人間に進むべき正しい道を指ししめそうとしてきました。そこでは、哲学が倫理と一体です。私はそれを「野生のエチカ」と呼びたい誘惑にかられます。

コノハナサクヤヒメの神話

まず手始めに、神話というのはどういう語り方をしているのかということから、お話していくことにしましょう。そうすれば、神話がつまらないものではなくて、いまの私たちにも十分におもしろく、興味深い、深遠な内容とスタイルをもった思考の形態だということが理解していただけるのでははないかと思います。

さて世界中には、人はなぜ不死を失うことになったのかについて語る神話がたくさんあります。その中でもとても興味深いものをいくつかとりあげてみましょう。まずつぎの日本神話を見てください。

さてホノニニギノミコトは、笠沙の岬で、美しい乙女に出会った。そこで「おまえは誰の娘か」と尋ねたところ、答えて「オオヤマツミノカミの娘、名前はカミアタツヒメ、またの名はコノハナサクヤヒメといいます」と申した。またニニギノミコトが「おまえには兄弟はいるか」と尋ねたところ、答えて、「私の姉、イワナガヒメがいます」と申した。そうしてニニギノミコトが「私はおまえと結婚しようと思う。どうか」と仰せられたところ、「私は申し上げられません。私の父、オオヤマツミノカミが申しましょう」と申した。そこでその父のオオヤマツミノカミに求めて使いを遣ったところ、オオヤマツミノカミはおおいに喜んで、その姉イワナガヒメを添えて、たくさんの結納品を台に載せて持たせて、差し出した。そうしたところ、その姉はたいへん醜かったので、ニニギノミコトは見て恐れて送り返し、ただその妹コノハナサクヤヒメだけをとどめて、一夜の交わりをもった。

これに対し、オオヤマツミノカミは、イワナガヒメを返してきたため大いに恥ずかしく思い、申し送って、「わが娘を二人とも差し上げたわけは、イワナガヒメを召し使いなされば、天つ神である御子の命は、雪が降り風が吹いても、つねに岩のように、いつまでも堅く動かずいらっしゃるだろう。またコノハナサクヤヒメを召し使いなされば、木の花の咲くようにお栄えになるだろうとウケイ(誓約)をして、差し上げたのです。このようにイワナガヒメを帰らせて、ひとりコノハナサクヤヒメだけをとどめたために、天つ神である御子の御寿命は、桜の花のように短くあられるでしょう」と言った。このために、いまに至るまで天皇たちの寿命は長くないのである。

(『古事記』神代上巻)

交渉の失敗

ホノニニギノミコトという神様が登場しています。この神様は名前を見てもわかるように、稲の穂に関係した神様です。考古学の発掘から、日本列島に最初に稲作をもたらした人々は、北九州の福岡や佐賀に上陸した朝鮮半島からの人々であり、この人々は以前からこの列島に住み着いて狩猟と畑作農耕をおこない、縄文土器を使って生活していた人々と急速に混血をおこないながら、列島上に稲作の文化と鉄の道具と国家という新しい社会形態を拡めていった人々であることがわかっています。ニニギノミコトは天皇家の先祖(天孫)といわれている神様ですから、この神話はおそらくはその時代の異民族結婚のことをとりあげていると思われます。すこし詳しく見ていってみましょう。

天孫ニニギノミコトから娘の一人であるサクヤヒメとの結婚の申し出を受けた土着の神(土着民のリーダー)オオヤマツミは、よろこんでこの申し出を受け入れます。新しい文化で武装した人々は、たしかに土着の人々に優越するものを持っていましたが、両者の関係はけっして征服者と被征服者のあいだの一方的な関係ではありませんでした。むしろ両者は多くの点ではほとんど対等で、たがいに交渉や交換や談判によってことを進めていったようです。結婚による「女性の交換」もそうしたネゴシエーションの重要な一環で、列島上の混血はこういうやり方で急速に進行していったと考えられます。

当時の九州の縄文社会では有力者の結婚は、娘に姉妹があればいっしょにめとるやり方が一般的だったらしく、オオヤマツミも慣習どおり妹のサクヤヒメと結婚するならば、当然のこととして姉であるイワナガヒメもいっしょに差し上げたわけです。結婚は贈与のひとつでしたから、気前のよいプレゼントとして姉が添えられたことになります。

ところが妹のサクヤヒメは世にも美しい美女であったのに、姉のイワナガヒメのほうは大変醜い容貌をしていたので、天孫は妹だけをめとり、姉を退けてしまいます。侮辱された父親はニニギに呪いのことばを浴びせます。「あなたはなんという愚かなことをしたものだ。妹は美しい花を咲かせる植物のように、生まれて咲き誇り、そしてはらはらと散っていく有限の運命を与えてくれるだろう。しかしそれだけではものたりないと思ったからこそ、私は岩石のように朽ち果てることのない永遠の生命をあなたに贈ろうと考えて、姉のイワナガヒメをも与えようとしたのに、あなたはそちらを拒否した。よろしい。以後あなたの子孫には死というものがもたらされて、長い生命を楽しむことができなくなるだろう」。

ここでは、植物（コノハナサクヤヒメ）と岩石（イワナガヒメ）の対立によって、死の起源が語られています。一見して美しいものにひかれるのは人の常です。人間はエロスにひかれるのです。ところがエロスははかないもので、美しく咲いたかと思うと、あっという間にタナトス（死）の手に渡されて、それに呑み込まれていってしまいます。それならば最初からタナトスと手を結んでいればよいと思われますが、タナトスは恐るべきカオスの領域からやってきますから、なかなかそれと結婚して一体になるなどということが、人間にはできないのです。私たちは誰しもが、ニニギノミコトのようにイワナガヒメを遠ざけていたいと願うもの。でもそのために、人間には短い生命しか与えられないのだと、この神話は語っています。

どうでしょう。神話がとても複雑な思考をおこなっていることがおわかりになったでしょう。同じ論理を、ヘーゲルは弁証法によって（『精神現象学』）、フロイトはエロスとタナトスの闘争におけるタナトスの最終的な勝利の物語（『快感原則の彼岸』）として語りました。それとこの日本神話を並べてみますと、ヘーゲル哲学もフロイト精神分析学も、ともに近代につくられた神話の形態にほかならないということがわかります。そのことは、ヘーゲルやフロイトを貶《おとし》めることにはなりません。むしろ彼らの思考が人類的な深淵に触れていることに驚嘆すらおぼえます。

神話が「感覚の論理」を使うことも、この神話にははっきりとあらわれています。植物と岩とが与える感覚的対立が、短い命（死におびやかされる生命）と永遠な命（変化をまぬかれた生）との対立と対応関係におかれることで、神話の骨格ができているからです。感覚的な事実と抽象的な概念が、分離されてしまうことなく、いっしょになって深い世界理解が語られています。
こういう性格を持った神話を「芸術」と考えることもできます。なぜなら、近代社会では芸術だけが感覚的であると同時に概念の表現でもあるという、神話の特徴を保持しつづけようとしてきたからです。そのため、神話の理解には科学や哲学のセンスだけでなく、芸術的なセンスも大いに要求されることになるわけです。

バナナと石

そこで次は、以下のようなインドネシア（ポソ族）の神話を見てみましょう。

はじめ人間は、神が縄に結んで天空からつりおろしてくれるバナナの実を食べて、いつまでも命をつないでいたが、あるときバナナの代わりに石が降ってきたので、食うことのできない石などは用はないと、神に向かって怒った。すると神は石を引っ込めてまたバナナをおろしてやったが、そのあとで「石を受け取っておけば、人間の寿命は石のように堅く永く続くはずであったのに、これを斥《しりぞ》けてバナナの実を望んだために、人の命は、今後バナナの実のように短く朽ち果てるぞ」と告げた。それ以来、人間の寿命が短くなって、死が生ずるようになった。

（松村武雄『日本神話の研究』［第三巻］培風館）

語り口はとても素朴ですが、これもまたみごとな神話です。いかにも人間がしでかしそうなことではありませんか。はじめは、天から降りてくるバナナを食べていればよかった、それで満足して神様のことを信じきっていれば人間は死ぬことはなかった。ところが、天の神が気を利かせて石を降らせた。そこで人間ははじめて天に悪態をついてしまったのです。神様はこう言います。「その態度はなんですか。だったらいいですよ。これからはバナナだけをあげましょう。ただしあなたがたは石のように堅固な命を失うでしょう」といった。だから人間は、バナナのように朽ち果てる命しか持たないとこの神話は語るのです。

この神話は中央セレベスの島で語られていたものです。この神話がコノハナサクヤヒメとイワナガヒメの神話にびっくりするほどよく似ていることは、昔から気づかれていました。ここでは、植物と石の対立が単純素朴に語られています。バナナの実は柔らかくておいしいけれども、ほっておくと腐ってしまいます。石は硬くて食べられないけれど、腐ったりすることがありません。硬く腐らない石を人間が受け取っていれば、死などはもたらされなかったのに、柔らかくて腐りやすいバナナを取ったために、寿命が与えられたのです。『記紀』の神話は、これよりももっと洗練された語り口を持っていますが、神話の論理構造はまったく同一です。サクヤヒメの本体とはどうもバナナのような植物だったということになるかも知れません。ここでは、植物／石、硬いもの／柔らかいもの、腐らないもの／腐るもの、という感覚的対立が使われているのがわかります。

腐るものと、腐らないもの

ベネズエラのシパヤ族の神話を見てみましょう。やさしい神様がいて、不死になる方法を人間に教えてくれました。

創造神は人間を不死にしようと思った。そこで人間に水辺に住んで、前を通り過ぎていくカヌーのうち、最初の二艘はやりすごして、三番目のカヌーをとどめて、そこに乗っている精霊を拝んで、抱擁しなさいと教えた。最初のカヌーはたくさんの腐った肉を詰めた籠をのせ、たいへんな悪臭を放っていた。人間たちはそのカヌーに走り寄ったが、あまりの悪臭に退散した。彼らはこのカヌーには「死」が積んであるのだろうと考えた。「死」を積んでいたのは二番目のカヌーで、それは人間の形をしていた。そのために人間たちはその人の形をした「死」を暖かく迎え入れ、抱擁したのである。

創造神が三番目のカヌーに乗ってやってきたとき、彼は人間たちが「死」を受け取ってしまったことを知った。蛇や木々や石は、不死の精霊の到着をちゃんと待っていたのである。そこで人間は死ぬのに、これらの生命は古い皮を脱ぎ捨てて若返るようになったのだった。

（Claude Lévi-Strauss *Le Cru et le Cuit*, Paris, Plon）

禁止されていたにもかかわらず、最初のカヌーに走り寄っていきます。ここが人間の情けないところです。やめろと言われると、かえって禁止を破るのです。すると大変な悪臭のする、腐った肉が積んであった。それが「死」というものであろうと判断して、やりすごしました。二番目のカヌーがやってきました。そのカヌーには普通の人間が乗っていました。人間ならばちゃんとお迎えしなくてはいけないと考えたわけです。ところが、「人間」というのは、実は死すべき生き物としての人間のことだったのです。最初のカヌーに積んであった腐肉の中には死などはありませんでした。それを人間は勘違いしてしまったわけです。

人間は禁止を破ることもできる自由な存在です。ほかの動物たちは遺伝子に環境世界とのつきあい方までしっかり書きこんでありますから、その点では自由はあまりありません。だからすなおに神様の言うことを聞くのです。ところが人間はこの自由によって大失敗をしでかしたのです。言われたとおり三番目のカヌーをお迎えしていればよかったものを、間違って二番目のカヌーから死を受け取ってしまいました。しかし、人間以外の動物は、一番目や二番目のカヌーをきちんとやりすごすことができ、おかげで再生をくり返す生き方を与えられました。

現代の人類はこのときの失敗を取り戻そうと、医学を発達させて、寿命を延ばそうとしているのでしょう。しかもそのことが、「死」にも打ち勝つことのできる、人間の自由をあらわしていると思っていますが、さて、それはどうなのでしょう。「死」を与えられたことと人間の自由とは一体なのだと、この神話には語られています。意味もなく長い人生は、逆に人間から自由を奪っていくのではないでしょうか。それよりも限りのある短い人生を意味でみたしていこうと努力することこそが、大切なのではないでしょうか。神話も後世の多くの哲学者たちも、その点では同じことを言っています。『記紀』神話とこの神話の関係を見てみましょう。日本やインドネシアの神話では、植物／石、柔らかく腐るもの／硬く腐らないものなどの対立を使って、「死」の起源が語られていましたが、ここでは同じこと（神話のメッセージ）を言うのに、死すべき人間／不死の精霊の対立が使われ、腐敗物は人間をひっかける「おとり」の働きしかしていません。次のテネテハラ族の神話は、腐敗と死を結びつける思考を前提にして、それに対してシニカルな視点からの変形を加えています。神話が素朴な思考の産物だなどとは、考えないほうがいいでしょう。

硬い／柔らかい

つぎがテネテハラ族の神話です。これがまたチャーミングで素晴らしい神話です。神話のお得意の下ネタです。なぜか（いえ、理由はちゃんとあります）神話は下ネタが大好きです。

> 創造神によってつくられた最初の男は、童貞だったが、いつもペニスが勃起していた。彼はペニスにマニオクの液を振りかけて柔らかくしようとしたが、だめだった。最初の女は水の精霊に教えられて、男に性交をしてペニスを柔らかくする方法を教えた。
>
> (*Ibid.*)

水の精霊は邪悪な意図をもったやつでした。最初の女は困っている男を助けようとして大胆な行為に出たわけですが、それを見た創造神は怒りだしました。

創造神はぐったりしたペニスを見て怒り出した。「今後お前のペニスは柔らかくなれる。そうして子供もつくれる。それに死ぬようになる。その子供が成長すれば、また子供をつくる。そして、かわりに親は死ぬのだ」。(*Ibid.*)

これも、先ほどから一貫して登場してくる、柔らかさ／硬さの対立関係を使って、人間の死の起源を語っています。ただこの神話では、人間に「死」がもたらされたということを、連続が非連続にとりかえられることと考え、このことを硬いペニスと柔らかいペニスの交代として表現しています。それればかりか、柔らかいペニスの出現をうながす女性との性交からは、子供が生まれます。こうしてつぎの世代が生まれ、前の世代は死んでいく、別のレベルの交代も起こるようになったわけですから、非連続は二重の意味で発生しています。この神話は、とってもむきだしな、プリミティブな関心事を語っているように見えて、大変に複雑な現実をひとまとめに理解しようとしているのがわかります。

インセストという大いなる主題

ここまでの話の最後にもうひとつ。これもテネテハラ族の神話ですが、もうすこし複雑な構成になっています。

若いインディアンの女が森で蛇に出会った。蛇はその女の恋人となり、彼女は蛇の子供を産んだ。その子供は生まれるともうすでに若者だった。若者は毎日森に行って、母親のために矢をつくった。そして毎晩戻ってくると母親の子宮に潜りこんだ。女の兄がこの秘密を知り、妹にあの息子が出かけたらすぐに身を隠すことを教えた。母親の子宮に戻ろうと、若者は夜に帰ってきたが、母親は消えていた。

蛇の息子はおじいさん蛇にどうすればよいか尋ねた。するとおじいさん蛇は、矢をつくった。そしてこれで父親を狩れといった。息子はしかしそんなことをしたくなかったので、夜光に姿を変えて、弓と矢を携えて空に昇っていった。空に到着すると、武器を粉々に砕いて、それが星になった。みんなは寝ていた。

蜘蛛《くも》が一匹だけその様子を見ていた。このために、蜘蛛は年をとっても死ななくなった。昔は人間と動物は年をとって古くなると、たがいの皮膚を交換していたが、この日以来いまにいたるまで、年をとったら死ななくてはならなくなったのである。

(*Ibid.*)

森の蛇に誘惑された女性が子供を産みます。この子供は夜になると母親の子宮に入りこんでしまう。蛇との「混血」であるこの子供は、母親との過剰に密接な関係を保ちつづけようとする「インセスト（近親相姦）の子供」です。ところが人間の知恵の介入によって、このつながりを急に断たれてしまった子供は、森のおじいさんに相談します。おじいさんは父親殺しをすすめます。このエピソードをフロイトだったら、こう解釈するでしょう。母親が自分の前から消えてしまう体験を、子供はしょっちゅうする。特に夜になると、いつのまにか母親は自分のそばから消えていて、父親といっしょに寝ている。母親との近親相姦的な結びつきを邪魔しているのは、実は父親で、その間母親のからだを独占しているのである。だからこの屈辱的な事態を解決するために、父親をなきものにするという欲望が、子供のうちに目覚める。おじいさんはそういう子供の無意識の欲望をあらわにしてくれているのである、と。

こういう解釈が正しいかどうかは、実際の民族誌的事実にあたってみなければなんとも言えませんが、ただひとつ言えることは、この子供がおじいさんの申し出を断って、自分の欲望を断念したということです。「愛の欲望の断念」というワグナー的な主題の南米版です。この神話の背景には、インセストと死とを結びつける思考法が潜在しているように思えます。蛇との「混血」であるこの子供は、自分の意志でその結びつきを否定したわけですから、永遠に変わらない空の星座に自分の行為の記念碑を残すことができたのですし、その光景を寝ないで見ていた蜘蛛だけが死ななくなったという考えにも、まったく一貫性があります。

神話が「はじまりの哲学」であるということの意味が、すこしはおわかりいただけたかと思います。神話には複雑な論理が作動していますし、それによって深い人間の実存の意味がしめされています。こういう性格を持つ神話を、どうして子供扱いなどにできるでしょう。

第一章

人類的分布をする神話の謎

ユーラシア大陸の両端で

人類的な分布をする神話というのがたくさんあります。地理的に遠く離れ、社会構造も言語もまったく異なる社会が、驚くほどよく似た神話や伝承を伝えているのです。例えば、八・九世紀の古い中国や日本の書物に記録されている伝承が、遠いヨーロッパの伝承の中に残っていたりするのです。特にフランスのブルターニュ地方やイギリスのウェールズ地方などに、アジアのものと瓜ふたつの伝承が残っています。

ブルターニュ地方とウェールズ地方は、ケルト文明の伝承がいまも色濃く残っています。ケルト文明は、ヨーロッパに展開した新石器文化を土台にして、青銅器・鉄器時代にかけてヨーロッパの実に広い範囲にわたって発達していきました。ローマ帝国がこの地に進出してくるようになりますと、征服や混血や文化混交が進行していく中で、純粋な部分を保ったケルトの人々はしだいしだいにヨーロッパの辺境に追いやられていき、とうとうアイルランドやブリテン島ではウェールズやフランスのブルターニュ半島などに残るだけとなってしまいました。

ユーラシアの東の端と西の端に同じ神話伝承が伝えられています。それぞれの地域で独立に発生した神話がまったく同じ形態を生み出したと考えられないこともありませんが、それにしてはあまりによく似すぎています。伝播《でんぱ》ということでこの現象を説明しつくしたい誘惑にもかられますが、同じ神話や伝承がアメリカ大陸の先住民たちにも伝えられていることを考えると、それも弱い仮説です。もっとも可能性のあるのは、神話の思考が整いはじめたと考えられる中石器時代（後期旧石器時代から新石器時代への過渡期）に、ユーラシア大陸のきわめて広い範囲に散らばって生活していた人々のあいだに共有されていた思考法の断片や破片が、長い時間をかけてさまざまな地域で変化発展をとげながらも、共通の核のようなものを、不変のまま保持してきたと考えることではないでしょうか。アメリカ・インディアンたちはちょうどその時期に、ベーリング海峡を越えてアメリカ大陸へ渡っていったのですから、そこにもよく似た思考が保存されてきた可能性は大いにあります。

南方熊楠と「燕石」

その問題をまず「燕石《えんせき》」と呼ばれる小さな貝殻をめぐる伝承を通して考えてみることにしましょう。これは神話的思考の破片のようなものにすぎない、ほんのささやかな伝承にすぎませんが、それが含むものは重大です。ここで、燕石などという風変わりな題材をとりあげようと思うのは、日本が生んだ型破りの学者南方熊楠《みなかたくまぐす》が、これを研究したからです。南方熊楠は近代日本が生んだ、最大の博物学者《ナチュラリスト》です。

和歌山市に生まれた熊楠は、学問と山野をかけめぐることの大好きな少年でした。記憶力抜群、幼い頃から読んだ本は片端から暗記してしまうほどの頭脳の持ち主でしたが、学校で学ばされることの無意味さにほとほと絶望した彼は、日本の大学には行かず、アメリカに行ってしまった人です。サーカス団といっしょにキューバに渡ったり、孫文《そんぶん》と友情を結んだり、破天荒な行動で周囲をびっくりさせていましたが、大好きな植物研究、とくに粘菌という植物の研究はかたときもおこたったことがありませんでした。それからイギリスに行って、ほとんど独学で膨大な勉強をしました。そして、民俗学、人類学、考古学、植物学、動物学を全部総合したような学問である博物学の大変な大家になり、一時はロンドンの大英博物館の職員にもなったほどでした。

この南方熊楠が若き日に書いた有名な論文が、この燕石についての論文なのです。熊楠は滞英時代、雑誌『ネイチャー』にすぐれた論文を発表して、大変な話題になりました。しかしそれもつかのま博物館でイギリス人を殴り倒したりしたのがたたって、いづらくなったのか日本に戻ってきました。しかし日本の学問の世界では、外国で学位ひとつとってきたわけでもない熊楠には冷たく、なかなか認められずに、和歌山県でまったく独力で研究を続けたのでした。

これからしばらく、この熊楠の研究した「燕石」と「シンデレラ物語」を取り上げて、神話研究の新しい方向性を模索する試みをおこなってみたいと思います。「燕石」と「シンデレラ物語」のふたつの研究を通して、南方熊楠はきわめて未来的な価値を持つひとつの構想を語ろうとしています。つまり、極東にみいだされるフォークロアが、ヨーロッパのケルト文明の伝承にあらわれてくることの意味を、彼は時代にさきがけて思考したのです。

熊楠は柳田國男などの民俗学者の見解とは違って、世界的分布をおこなう神話伝承がきわめて古い来歴を持つものだと考えました。ユーラシア大陸の両端にあらわれる神話的思考のあいだに、不思議な構造的一致がみられる。その理由はユーラシア大陸での人々の拡散が起こる以前の、たぶん中石器あたりの時代に、これらの伝承の原型が共有されており、そののちたがいが遠く離れた場所に生活するようになっても、基本構造だけは保存されたとみるような考え方だったと思われます。熊楠自身はそういう言い方はしていないのですが、彼の着想をみていると、そういう構想があったとしか思えません。

南方熊楠は、人間の思考の能力がきわめて古い時代にすでにほとんど完成の域に達しており、人間はそれからたいして変化していないと信じていました。ですから近代人がとりすました社会制度や文明品に取り囲まれて生活していても、「野蛮」や「野生」という自分の本性をそうそうたやすくすてられるものではなく、いまでも人間の本性は残酷で野蛮なものを内に秘めているのだと考えたのです。この着想は正しいものだと、私は思います。私たちは本来、残酷で野生的な生き物なのです。

二枚の地図

燕石の話に入る前に、ここにある二枚の地図を見てください。上側には、私たち現生人類の前に地球上に暮らしていたネアンデルタール人たちがつくって使用していたムステリアン期の石器の分布図です。斜線の部分が氷河をあらわしています。北アメリカ大陸の北半分は、厚い氷河に覆《おお》われていましたが、いまのアラスカからカナダを抜けて氷河のない大きな回廊のような部分のあることに気づきます。ネアンデルタール人がここを通り抜けてアメリカ大陸に入り込んだかどうかは、今はまだ不明です。これがおよそ、紀元前三万八千〜紀元前三万三千年のことです。アメリカ大陸では、ムステリ

アジア
ヨーロッパ
太平洋
大西洋
北アメリカ
旧石器製作場所
紀元前38,000〜紀元前33,000
氷河
進んだ石器の製作場所
古い様式の
ムステリアン型石器の製作場所
両面加工した石器と矢じりを伴う
より進歩したムステリアン型石器の
製作場所

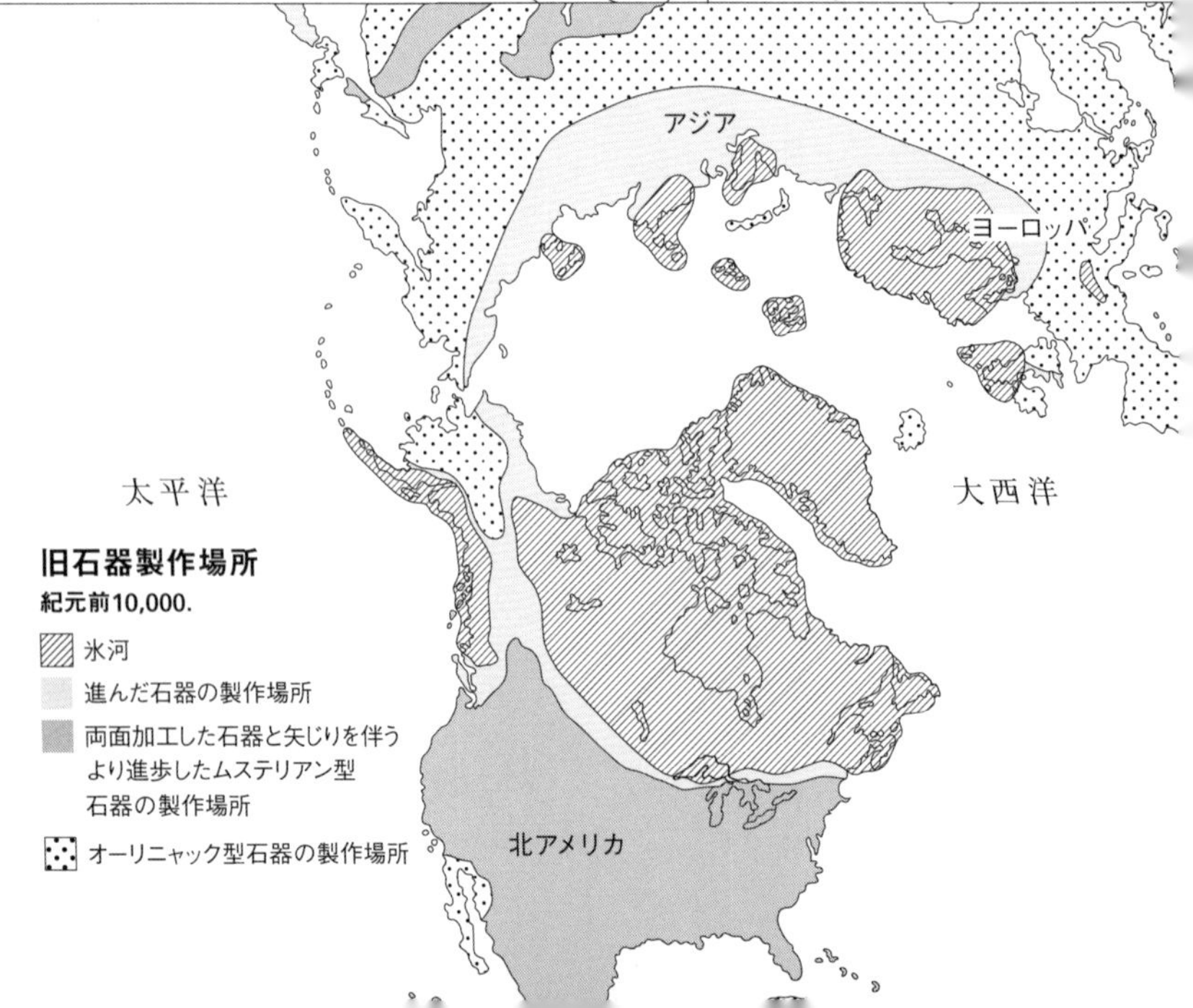
アジア
ヨーロッパ
太平洋
大西洋
北アメリカ
旧石器製作場所
紀元前10,000.
氷河
進んだ石器の製作場所
両面加工した石器と矢じりを伴う
より進歩したムステリアン型
石器の製作場所
オーリニャック型石器の製作場所

アン期の石器がたくさん発見されていますが、この型の石器は、ユーラシア大陸のはるか西の端の、いまのヨーロッパあたりが発祥の地とも言われていますから、そんなに古い時代にも人類の活動と移動は広い範囲にわたっておこなわれていたことがわかります。しかも広い範囲にわたってじつに一様な文化が拡がっていたようなのです（地図は、Joseph Campbell, *The Way of Animal Powers*, Harper & Rowを参照）。

下の地図をご覧下さい。これは上部旧石器時代から中石器時代にかけての、現生人類であるクロマニヨン人たちのつくり残したオーリニャック期の石器の分布をしめしたものです。旧石器時代ももう最終の段階に入った紀元前一万年頃です。このころには新石器がつくられるようにもなっています。この時代には、氷結したベーリング海峡を、人間は歩いて渡ることができました。アメリカ大陸ではこれ以前の長い時期、かつてネアンデルタール人たちが通っていったかも知れない回廊は厚い氷河に覆われて、中央平原に入っていくことができませんでした。それがこの時代気候が暖かくなったおかげで、ふたたび回廊が開かれることとなりました。

北東アジアから何波もの人間集団が、マンモスを追ってチュコト半島を通りベーリング海峡を渡って、アメリカ大陸に入っていくことができるようになりました。彼らは驚くほどの速さで南アメリカの最南端まで到達します。アマゾンの流域にも人々は入りこんで生活をはじめ、北アメリカの平原部に豊かな文化を築き上げ、北極地帯にも独特なエスキモーの文化がつくられていきます。のちにインディアンと呼ばれることになるこの人々は、まぎれもないアジア人です。しかも私たち日本人と同じモンゴロイドに属する人々なのです。その後もアメリカ大陸の人々とアジア人との交流は活発に続いたようです。驚くべきは、日本の列島に同じ時代に展開した「縄文文化」の影響が、アリューシャン列島を越えてアメリカ先住民の世界にも深く及んでいたらしいということです。神話の世界の広大な拡がりを支えているものは、ひとつには人間の移動なのです。

神話の環

今日では遺伝子を伝達するＤＮＡの分析が進み、これを利用した分子進化遺伝学という学問が発達しています。これといままでの形質人類学の研究（頭骨の形や歯の形などから系統を分析する方法）と合わせると、人間の移動の歴史についてたくさんのことがわかるようになってきました。

まずアジアについては、いまのインドネシアからヴェトナムにかけて巨大なスンダランドという大陸の存在したことがわかっています。モンゴロイドのひとつの中心地はこのスンダランドにあった様子で、ここで発達した南方モンゴロイドはのちにポリネシアにまで進出していきました。バイカル湖の東からアムール河流域にかけては北方モンゴロイドが住んでいました。彼らは寒冷地に適応した体つきや文化を持ち、北東シベリアからさらにベーリング海峡を越えて、アメリカ大陸に渡っていった人々です。日本列島には北と南からふたつのタイプのモンゴロイドがやってきて、ここで混血をおこなって、縄文人の先祖となりました。ですからこの列島で発達した形質や文化には、北方アジアの人人やアメリカ大陸の先住民に共通の要素もありますし、ポリネシアなどの南方的要素もあるという、とても興味深い特徴がみられるのです。『古事記』と『日本書紀』という神話集に、ポリネシア神話の要素がみいだされたり、変形をおこなうと南アメリカ・インディアンの神話にたどりついていくような神話や、南中国の少数民族の神話などと共通のものなどがみいだされることは、以前から注目されてきましたが、その理由は太平洋岸を環《わ》のようにつなぐ、巨大な神話の変形群の存在にあります。「変形」ということばを使いましたが、これにはすこし説明がいります。神話は語られて伝えられていくものですから、時間と空間の中で徐々に変形していきます。もちろん神話は論理的全体性を備えていますから、変形には一定の規則があります。ひとつの部分や項が変わると、それに合わせて関連した別の部分や項が変化をおこすのです。それによって神話が伝えようとするメッセージが変わることもあり、不変の場合もあります。

メッセージが変化を起こすのは、同じ神話が隣接する別の部族同士に共有されている場合などに、よく起こります。社会の仕組みが変われば、それに合わせて神話も変形されます。また、隣の部族とは違う内容を語りたいとか、同じ内容を違った風に語りたいというときにも、じつに巧妙なやり方で神話は変形をおこなっていくのです。しかし、変形のおこなわれた論理的な過程を、はっきりとつかむこともできます。ですから、この環太平洋世界の神話は、どれも似通っているところがありますが、どれもすこしずつ違っています。

変形という考えを使ってみますと、たとえば環太平洋に分布しているたくさんの神話を、変形の環につないでいくことができるようになります。神話は、巨大な変形群をつくっています。膨大な神話を、この変形の考え方で理解してみせようという巨大な研究が、フランスの人類学者クロード・レヴィ＝ストロースによってはじめられました。レヴィ＝ストロースは南北アメリカ両大陸で記録された数千の神話を、変形群としてとらえようとしました。すると、ひとつひとつの神話がまるでモーリス・ラヴェルの作曲した『ボレロ』のように、わずかずつわずかずつ自分を変形していきながら、いつしか大きな全体性をもった音楽をつくりだしていくようになります。アマゾンのインディアンの神話がしだいに自分を変形しながら、ついに北米インディアン神話として姿をあらわすのです。

この変形はさらに続いていくでしょう。ベーリング海峡を越えてアジアに戻った神話は、そこで変形の舞踏を続けながら、いまに環太平洋をひとつに結んでいくようになるはずです。私はそういう研究を目論んでいますが、いまはもっとつつましい主題を追うだけにとどめておきます。それは、中石器の時代にユーラシア大陸の文化がいまよりもはるかに均質であったころに共有されていた神話あるいは神話の破片が、ユーラシア大陸の西の端と東の端に残されていた可能性を「燕石」の伝承を通して探る、南方熊楠がとりくんだ研究を発展させるという主題です。

「かぐや姫」または「結婚したがらない娘」

燕石の話がはじめて登場するのは、日本の九世紀に書かれた『竹取物語』です。『竹取物語』というのは、みなさんもよくご存知のかぐや姫の物語です。かぐや姫という女性の本質をひとことで言うとすれば「結婚しない娘」あるいは「結婚したがらない娘」ということになりましょう。いまならたくさんいて珍しくもありませんが、神話が語られていた社会では、そういう少女は特別な主題として「思考」の対象となったのです。どんなにたくさんの求婚者があらわれても、みんな袖にして結婚をいやがる娘というのが、環太平洋に広く分布する神話に登場してきます。かぐや姫はそういう女性の一人として、じつに興味深い生活をしました。

こういう娘たちにはタイプがあって、家の奥に閉じ込もっているケースが多いのです。たとえば北米インディアン（特に平原部と北西部のインディアン）の神話では、両親が大事に大事に家の奥で誰にも気づかれないようにして育てている、とても美しい娘が登場してきます。この娘はおもしろいことに、とても小さな足をしています。インディアンの世界にも貴族制が発達していた地帯がありますが、この神話はそういう地帯で特に好まれて語られていたようで、貴族の娘は小さな足をして、めったなことでは人々の前に姿をあらわさないのです。昔の中国人がやっていた纏足《てんそく》という風習が連想されます。足が小さすぎてちょこちょことしか歩けない女性の性的魅力について書かれた中国の本がたくさんありますが、環太平洋圏で深窓の令嬢というのが、同じようなイメージでとらえられていたことは、とても興味深いことです。この美しい娘は、たくさんの求婚者が熱烈に彼女を求めてもみんなすげなく拒絶してしまいます。そしてとうとう、人間の求婚者とは誰とも結婚しません。そのあげくに人間ではない求婚者を探して、遠い遠い旅にでかけます。彼女は同族と結婚する「族内婚」を拒否して、遠くの相手を求め、そして、熊や狐、あるいはシャチと結婚したりします。

アメリカ・インディアンの神話ですと、この深窓の令嬢は家の奥に隠されているケースが多いのですが、かぐや姫の場合は、空洞になった竹の節に隠れていました。これは「家の中に隠されている」というイメージをさらに極端にしたもの、とも言えるでしょう。竹の中に隠れていたこの女の子を、子供のいなかった老夫婦が育てることになります。いままで媒介のない状態でたがいに遠く離れていたふたつのもの（この夫婦は長いこと二人のあいだを媒介する子供がいなかったために、たがいに離れた状態にありました。それを媒介する存在は、遠くにあるか見えないかしていままで近くになかったものが、突然に出現してくるやり方でないといけません。ですから、赤ん坊は竹の中から突如出現するのでなければなりません）のあいだに、突然ふたつをつなぐものが出現しました。「突然」出現したこの少女は、「たちまち」成長するのでなければならないでしょう。そしてたちまちにして美しい娘に成長します。あまりにも美しいので、求婚者が殺到することになります。その熱心な求婚者たちに、かぐや姫はつぎつぎと難問を出して斥けてしまいます。

かぐや姫はあきらかに「結婚したがらない娘」という、神話タイプに属しています。娘が結婚してよその家に出ていきますと、両親はなにかを失ったような喪失感におそわれるでしょうが、そのかわりに（昔の社会では）社会的拡がりが獲得されました。自分の持っているものを他人に与えることによって、人と人のつながりは発生しますが、結婚はその意味でも社会のつながりをつくりだす最良の方法だと考えられていました。ところが「結婚したがらない娘」のタイプの神話では、両親が異常にケチだったり、娘が兄弟の一人に恋をしていたり、という話が語られます。家族が自分たちの内側にこもってしまって、社会的なつながりを発生させないわけですから、これは社会にとっては危険な状態をあらわしていることになります。子供のいない夫婦もそうでしたが、「結婚したがらない娘」も、社会にとっては危険な状態をつくりだしかねません。こういうときには、普通の人でない人のお嫁さんに迎えられていく、というのが考えられる解決策で、『竹取物語』でもここで帝《みかど》が登場してきます。

美しい娘がつぎつぎと有力な求婚者たちを斥けているという噂を伝え聞いた帝が、后《きさき》にほしいと言いだしたわけです。さすがに今度は断れないでしょう。なぜなら、帝は普通のレベルを超越している方ですから、「結婚したがらない娘」としては、この帝を受け入れたっていいわけです。しかし、かぐや姫は人間の一切の求婚者を拒否します。帝が乗り物をかぐや姫の屋敷へよこすと、おじいさんとおばあさんをあとに残して、彼女は月に去っていってしまいます。帝よりも月の方がはるかに高くて遠い超越的な世界をあらわしていますから、竹の空洞の中にいた女の子は、とうとう月という「極端に遠いところ」に行ってしまいました。アメリカ・インディアンの神話ですと、こういう少女は夫を探して、熊やコヨーテなどのいる動物の世界にいってしまうことが多いのですが、ときには星や太陽や月と結婚することもあります。こういう少女たちは、人間の世界で一切の「媒介された状態」を実現できなかったのです。帝の求婚さえ斥けて月に去っていくかぐや姫は、こういう少女たちの仲間として、地上的なおさまりどころを、どこにもみつけられなかったのです。

燕の巣にある子安貝

この『竹取物語』の中に、求婚者の一人として中納言石上麿足《いしがみのまろたり》という人物についての逸話がでて

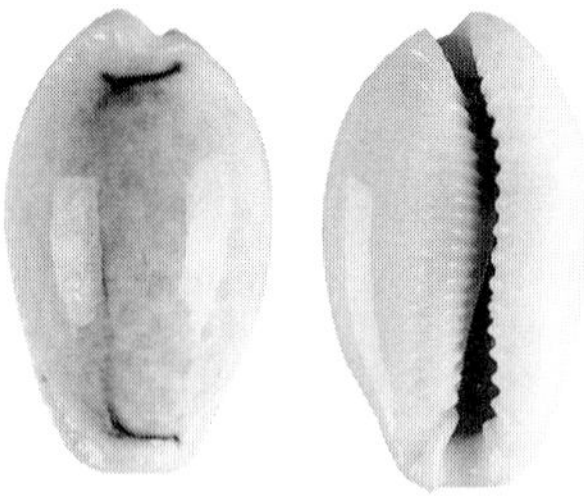

子安貝（タカラガイ）

きます。この人物は実在しています。壬申《じんしん》の乱のときに活躍している人で、この人がどうして物語の登場人物となったのかは謎ですが、石上氏と言えば、宮廷の呪術関係の仕事にたずさわっていた人たちで、そのことになにか関わりがあるのかも知れません。この石上麿足にかぐや姫は、難題を出します。「燕の巣にある子安貝というものを取ってきてくれたら、結婚しましょう」と言うのです。そこで石上麿足はさっそく家の者たちに、家に燕が巣をつくったら知らせるようにとお達しを出しました。原文を見てみましょう。

中納言石上麿足の、家に使はるゝをのこどものもとに、「燕《つばくらめ》の、巣くひたらば告げよ」とのたまふを、うけたまはりて、「何の用にかあらん」と申。答へてのたまふやう、「燕の持たる子安の貝を取らむ料也」とのたまふ。をのども答へて申。「燕をあまた殺して見るだにも、腹になき物也。たゞし、子産む時なん、いかでか出《い》だすらむ、はらくか」と申。「人だに見れば、失せぬ」と申。

（『日本古典文学大系17』岩波書店）

燕石をめぐる、最古の記録がここに出てきます。使用人たちは、燕を殺してみても、子安貝などというものはなかったと報告してくるのですが、ただ言い伝えでは、燕が子供を産むときにどうした拍子か、その貝が出てくることがあるとのことです。子安貝という貝は、たぶん縄文時代からよく知られていた貝です。これは日本人や中国の少数民族のあいだで、この貝は安産の守り神として、古くから珍重されていました。これは子安貝の形によるのでしょう。たしかにその形は女性の性器に似ていますからね。似ているどころか、とてもしっかりした形態を持っていて、それが安全な安定した出産を招き寄せるという思考を生んだのかも知れません。しかし、ここで重要なのは、それを燕が持っているということです。燕がその貝を海から運んできて、自分の巣に置いておく。このことが重要なのです。

石上麿足は人を手配して、燕の巣の中にあるという子安貝を取って来いと命じました。ところが、みんな失敗してしまいます。それで、石上麿足は「あーじれったい、私が自分で行こう」と言って、はしごをかけて高い所に上っていき、燕の巣へ手を差しのべる。そうしたら、手に触れるものがある。うん、これこそが例の子安貝に違いないと喜んでつかんだ拍子にはしごから落ちて、下にあった鼎《かなえ》に激突して、下半身骨折となってしまった。それでも子安貝さえ手に入れれば、かぐや姫と結婚できるのだと泣きべそをかきながら手の中を見てみると、子安貝と思いきや燕の糞だったという話です。「結婚したがらない娘」のやることは、なかなか残酷です。

「鳥の巣あさり（Bird Nester）」の主題

燕がもった子安貝は、国文学上の謎でした。燕の巣の中にある子安貝というのを、それだけ取りだしてきても、その意味はよくわかりません。しかし、燕が海から運んできて巣に置くという、出産に関わりを持つというほかの種類の石があります。子安貝の意味は、これらの石と比較してみることによって、はじめてあきらかになるでしょう。燕の巣の中にあるこうした貝や石を、これから「燕石」と総称することにしますが、これが私たちの当面のテーマです。

目を欧米に転じてみますと、燕石に関する伝承をたくさんみつけることができます。南方熊楠は『燕石考』という論文を、ちょっとおしゃれな書き方ではじめています。一八世紀はじめのアメリカ詩人ロングフェローの有名な詩「エヴァンジェリンあるいはアカディの物語」を引用して、それまで誰も気がつかなかったことですが、そこに燕石のことが描かれているのを指摘してみせたのです。

エヴァンジェリンという美しい女性のことを歌った詩のはじめのところに、こんなことが書かれています。

納屋の中、棰《たるき》の上の、雛鳥がひしめいている燕の巣まで、
なん回もよじ登っては、熱心に探したものだった。燕たちが
雛の盲をなおすため、海岸から運んでくる不思議な石を。
燕の巣でこの石をみつけた者は、果報者とされていたのだ。

詩人が少年時代を回想しています。納屋にいる燕の巣に雛鳥がかえっているので、これは夏のことだとわかります。五月から八月にかけて、燕は巣をかけて、二度ないし三度の産卵をおこなうからです。夏の短い期間に二度も産卵するために、燕は精力絶倫の動物と呼ばれていました。ニューイングランドの少年たちは、雛鳥がひしめいている巣に「なん回もよじ登っては、熱心に探した」。燕が、雛の盲を治すために海辺から運んでくる不思議な石があるというので、熱心に探し回ったというのです。

ここでは燕の巣に海から運んできた石があり、その石は雛の盲を治すのに効くと言われていました。『竹取物語』では、燕が海から陸にもってきた貝が、出産を軽くするために効くと言われていたのを思い出してください。このふたつの伝承のなかでは、燕が巣の中に置いている特殊な石のことが問題になっていますが、そこには共通な思考の構造が見られます。燕が海から陸に向かって運んできた、石ないし貝が、出産を助けたり眼の病気を治す力があると言われています。つまり、燕の運んできた石には、女性のお腹に入っているものや（子供）や雛鳥の眼に入って病気をおこしているものを、外に連れ出す働きがあると言っているように思われるのです。

アメリカの詩人がここで問題にしているのは、「鳥の巣あさり（Bird Nester）」という民間習俗のことです。ヨーロッパの民間伝承にもよく出てきますが、思春期を迎えた少年を年上の青年が、高い木の上にかけられた鳥の巣に登らせて、卵などを取ってこさせるという習慣ですが、このとき少年に先輩たちからはじめての性の手ほどきがおこなわれると言われています。皆さんは、野鳥の巣の中に手を突っ込んだことはありますか。とてもいい感じがするでしょう。僕は何回もあります。なかなかあったかくて気持ちがいい。そして間違って卵をつぶしたりする。このとき卵でぐちゃぐちゃに濡れた手の感覚が、大人になってから体験することになるさまざまな性的な感覚と、とてもよく似ています。「鳥の巣あさり」はとても性的な意味をもった習俗なのですね。

「Bird Nester」ということばには別の意味もあります。これはフランスなどでは今も使われているかもしれませんが、深窓の令嬢をものにするという意味です。なかなか手に入りにくい女（神話に描かれた「結婚したがらない娘」の一形態です）の所へ忍んで行ってものにするということです。この場合、巣っていうのはベッドのことです。なかなか男たちになびかなかった女性を、ベッドの上で性の世界に連れ出していくという意味にも解釈できますから、ここにも「かぐや姫」的な主題が見え隠れしていますし、そういう女性を「外に連れ出す」のに、燕が海から巣に運んできた石ないし貝が大いに効果を発揮しているわけですから、ここにもひとつの関連が潜んでいるのがわかります。

さてロングフェローはアメリカの詩人なのに、どうしてこんな燕石の話を知っていたのでしょう。彼はミクマク・インディアンの居住地の辺りに暮らしていましたが、そこはフランスのブルターニュ地方からの移住者がたくさんいました。ロングフェローはどうもブルターニュ出身者からこういう伝承を聞いていたようです。そうなるとこの燕石の伝承はブルターニュ系ということになります。じっさい一九世紀になって民俗学者たちがブルターニュで採集した民話集の中には、これとよく似た話が出てきます。たとえばポール・セビヨという一九～二〇世紀初頭にかけての有名なフランスの民俗学者の書いた『フランス民俗学』を見てみると、そこにこう書かれています。

一般に、燕石のもつ治癒効果は、大変なものだと考えられていたので、人々は何とかして、これを手に入れようとした。この石を手に入れるために、ノルマンディの人々は、巣にいる雛の燕の眼を傷つけることをする。そうすると、親燕は海岸に飛んでいき、小さな石を運んでくる。この石はたちまち雛の眼を治してしまうのである。この石を燕の巣にみつけることができたものは、たいへんな幸運と魔力を持った薬を、手に入れたことになるわけだ。

『竹取物語』が書かれたのは九世紀、同じ伝承が現代のブルターニュにもあってかなり古い来歴を持つと推測されていること、また『竹取物語』と非常によく似た話が中国の少数民族である苗族やチベット族にも伝わっていること、などのことをあわせ考えてみますと、この燕石伝承は大変に古い来歴を持つ人類的な分布をする伝承だということが、わかってきます。

燕石の七つの要素

ヨーロッパでこの燕石の伝承は大変に発達していますが、南方熊楠によってまとめてみると、これはだいたい七つの要素からできています。

①ある特別な石を海辺から運んで、燕が巣の中にしまっておく。
②その石は、雛鳥の眼の病気を治す力を持っている。
③燕石を身につけた女性は、安全に子供を出産できる。このほかにも、この石はいろいろな医療効果を持つ。
④燕は通常この燕石が手に入れば、その石を使って眼病になった雛の眼を治すけれども、それが手に入らない時は、「燕草」、日本名「草の王」と呼ばれる植物を使う。これはどこにでもみつかる学名「セランダイン」という薬草です。ここで、石と植物の関わりが登場してきました。
⑤この燕草という植物とは別に、「石燕」と呼ばれる民間医療用の石もある。これは瑪瑙《めのう》のような模様のある石です。この石燕は実際はスピルフェル種の腕足類（貝）の化石だといっています。その形は燕の飛ぶ姿にとてもよく似ている。この石は酸性の液体に入れると、生き物のように動き出す（屋台で売っていた樟脳舟というのは知っていますか。水の中に浮かべたとたん、シューッと動き出す舟です。これと同じ原理で動きまわる石です）。水の中に入れると動きだし、ふたつの石がぴたっとくっつきます。それを見ていて、昔の人はなかなか「おつな石」だと思ったことでしょう。まるで両性が愛の交歓をおこなっているように見えるからです。
⑥「眼石」と呼ばれる、眼の病気を治すための民間医療用の石もある。これは貝類の「へた」にほかならず、「石燕」と同じように、酸性液の中で、エロティックな運動をするということです。燕にまつわる伝承は、どれもどこか性的喚起力があるようです。これは、燕が強力な繁殖力を持った

セクシャルな動物であると言われていたことに関係があるのでしょう。
⑦燕石は、鷲がその巣の中に大切にしているという「鷲石」とも深い関係がある。この鷲石も女性の出産を助ける魔力を持つと言われているからです。また、ヨーロッパの伝承世界の中では、鷲と燕は対照的に考えられていました。燕が水や海に関係があると考えられていたのに対して、鷲は火と山に関係があると思われていました。

思考のロンド

これら七要素それぞれの意味については、南方熊楠について研究した『森のバロック』という本に

燕石

草の王
（*Flore Médicale*, Chaumenton, Poiret, Chamberet）

詳しく説明してありますからそちらのほうを見ていただくとして、ここまでのところだけでも、『竹取物語』にちらっと語られているちっぽけなエピソードにすぎないものが、じつはとてつもなく古くからあった思考の断片に関係を持っていて、ユーラシア大陸に広く伝えられていることがわかります。またそれを構造的に関連づけていきますと、全体が大きなシステムをなしていることもあきらかになってきます。

かぐや姫がなぜあのとき燕の持つという子安貝を求めたのか、その理由がだんだんわかってきたのではないでしょうか。子安貝は燕石と交換が可能です（おそらく燕石についての伝承が、もともとどちらも助産の機能があるという点から、子安貝をめぐる別の伝承といっしょになったのだと思われます）。かぐや姫は、燕が巣に隠してあるというこの石ないし貝を手に入れれば、難攻不落と言われた私だって落とすことが可能ですよ、と挑戦的な申し出をしていたわけです。竹の空洞の中にいたかぐや姫は「結婚したがらない娘」の代表でしたが、この娘を「外」にひっぱり出すには（おじいさんは竹を切るという多少乱暴なやり方で、彼女を外に連れ出したのですが、結婚という場面に至って、この娘はやっぱり「外」に出るのを嫌がったのでした）、ちょうど難産の母親のお腹から子供を難なく引き出すのに効果があると信じられていた子安貝や燕石を使えばいいのよ、と挑発的な冗談を言いかけているとさえ思えてきます。

ここまでちょっと見てきただけでも、こんな小さな伝承を理解するにも、昔の人々が燕という動物をどう考えていたのかがわかっていなければならないし、ここに鉱物や植物について知識がからんでいて、しかもそういう知識がでたらめではなく、一貫した野生の思考の論理によって、たがいに関連づけられていることがわかってきたのではないでしょうか。神話の思考は大きな環を描くようにしてたがいに連結しあっていきます。私たちはつぎに、この燕をめぐる主題群をソラ豆や女性のクリトリスについての主題群を仲立ちとして、観察していくことにしましょう。

第二章

神話論理の好物

ファンシーの裏にあるもの

人間は長いこと、人生や世界の本質をとらえるのに、感覚の論理とでも呼ぶべき具体的なものの論理を使うことを好んできました。民話にはよく「ずるがしこい狐」が出てきますが、たしかに、狐の生態を見ていると、犬よりもはるかに狡猾《こうかつ》でスマートなところがあります。こういう動物こそ、神話的思考の「大好物」なのです。神話の思考は狐のような動物を大活躍させて、現実では結びつかないものを結びつけてみせたり、とてもおこりそうもない出来事を引き起こして、それによってふだんは表面にあらわれてこない世界のもうひとつの顔を、あらわにして見せようとします。

ですから語りの表面ではとてもファンシーな出来事がつぎからつぎへと展開しているように見えるだけですが、その裏では動物や植物の具体的な生態についての知識を利用して、論理的な思考が動いているのが神話なのです。しかもこの論理、外見よりもはるかに精密な働きをおこなっています。現代の分析哲学者のおこなっていることと遜色のない論理的思考を、神話は狐やカラスや熊を使っておこなっているのです。

ピタゴラス派の掟

そこで、ここでは「ソラ豆」のことを例にとって、この神話的論理の働きを見てみることにします。

ピタゴラスという哲学者のことはよくご存じだと思います。「ピタゴラスの定理」を発見した古代ギリシャの有名な数学者・哲学者ですものね。ピタゴラスは「この世界は数を基本にしてできあがっている」、「宇宙の調和は音楽としてつくられている」という神秘主義的な考え方を抱いている人物でした。このピタゴラス師を中心に、秘密結社のような小さな知的共同体が出来上がっていて、それが「ピタゴラス派」と呼ばれていました。

ピタゴラスは大変な変わり者でした。そのためにピタゴラス派にはいろんな変わった掟《おきて》がありました。その掟の中でも、とりわけ変わっていたのが「ソラ豆を食べてはいけない」と「燕が家の中に巣をかけてはいけない」というものでした。

どうしてピタゴラス派は、ソラ豆を食べたり、燕が家の中に巣をかけたりすることを、それほど嫌ったのでしょう。それと彼の数学研究や宇宙哲学の探求とは、どこかでつながりがあるのでしょうか。これは昔から哲学史上の謎でした。これを理解するには、通常の哲学の方法では無理があります。哲学的思考とその母体をなした神話的思考の関係が、正しく理解されないかぎり、この「ピタゴラス派」の謎は、いつまでも未解決のままでしょう。私たちはここで、神話と哲学のとのあいだにかつては確実に存在していたはずの「失われた環」を見つけだす作業をおこなってみる必要があります。

鬼と豆

まず豆からはじめましょう。豆は人間の文化でいつもとても大きな働きをしてきました。重要な植物蛋白《たんぱく》源としてだけではなく、豆はまた神話的思考の大好物でもあったのです。日本人はこのことをよく知っています。春が訪れる直前の古い「正月」の形態として節分の祭りがおこなわれますが、この節分に「鬼は外、福は内」と大声で叫びながら豆をまく風習は、いまでも広くおこなわれています。それどころか、最近は一種のショーにさえなっています。しかしそれにしてもいったいなぜ豆なのでしょう。

節分の祭りは春の訪れと密接に関わっていますが、この時期にはアメリカ大陸でもユーラシア大陸でも、死者に関わりのある祭りがおこなわれていました。冬が完全に去って春が訪れるちょうど境目の時期に、死者たちを呼び寄せ、ついでそれを送り出す儀礼をおこなうのです。ヨーロッパでは復活祭の直前の「灰の水曜日」をはさんだ時期、死者を表象するかっこうをした若者や子供たちが、夜の村や町を練り歩きましたし、アメリカ・インディアンも死者のダンスをおこなっていました。この時期は、それまで冬と一体になって寒さと闇の中に隠れていた死者を表に引っ張り出してきて、これを追い出すしぐさを演ずることによって、春の到来を象徴的にもたしかなものとしようとしたのだと思います。

この境目に出現する死者たちをどう扱うのかが、大きな問題ですが、そのとき豆が登場するのです。豆を死者＝鬼に向かって投げつけます。一般には「鬼は外」と言って、鬼を払う意味になっていますが、日本の村々には「鬼の子孫」と呼ばれる人たちがいて、この人たちは「鬼は外」ではなく、「鬼は内、福は内」と言いながら豆を闇に向かって投げつけているところから見ますと、豆は単純に死者を外に追いやるためではなく、鬼である死者の世界とコミュニケーションをする道具として使われたのではないかと、思われてきます。死者と生者のあいだに、コミュニケーション（交通）の回路を開く力を持ったもの、それがどうやら豆であるらしいのです。

豆は生者と死者のそれぞれの世界の境目にたって、ふたつの世界のコミュニケーション回路を開いたり閉じたりする役をするのですから、どうしても「両義的」な存在でなければなりません。鬼＝死者をも引きつける力を持ち、またそれを追い出すことができるわけですから、豆はとても複雑な性格を持っていなければなりません。日本ではこのとき、大豆や小豆を使っています。節分の時期には、小豆のお粥も食べられています。死者の祭りであるお彼岸には、小豆やきな粉がまぶしてある、ぼた餅を食べますが、それはおそらくは、小豆が死者と生者を媒介して結びつける「仲介者（mediator）」の働きをしているからでしょう。

豆の神話学

しかしこれは日本だけの習慣ではありません。アメリカ・インディアンも死者の儀礼の時に、豆をまきます。日本の場合は、お彼岸や春分のお祭りの上に仏教や陰陽道などが覆いかぶさっていますから、それがもともとは死者の儀礼だという性格が見えにくくなりましたけれども、アメリカ・インデ

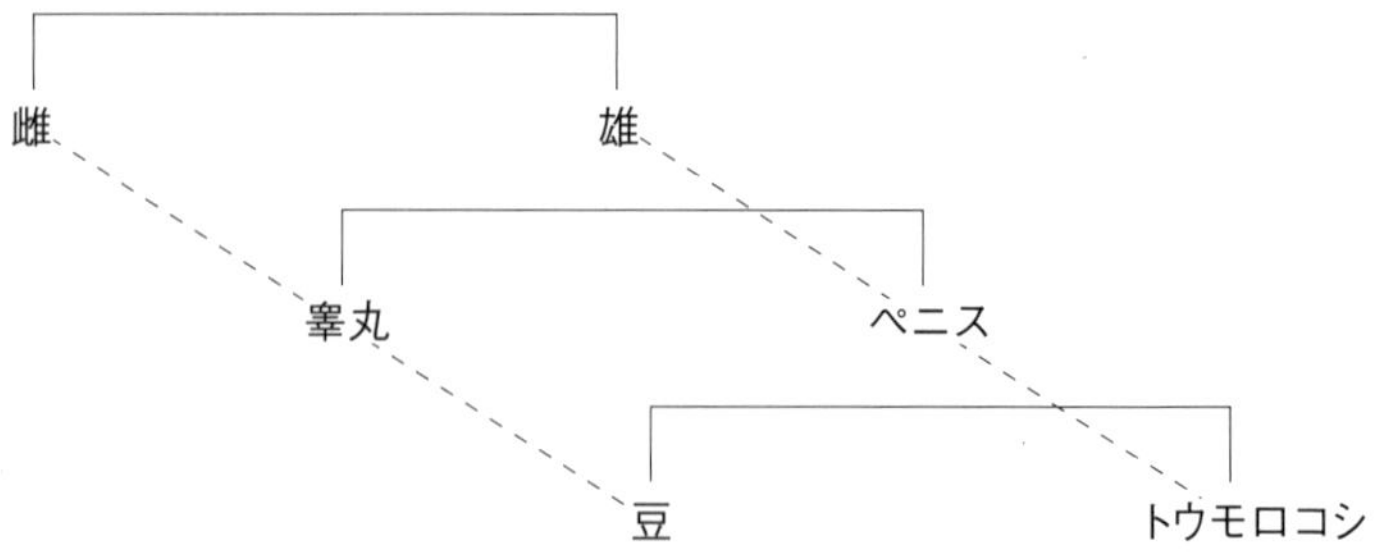

豆とトウモロコシ
（レヴィ＝ストロース「アメリカのピタゴラス」『はるかなる視線』みすず書房を参照）

ィアンの場合には、死者儀礼だということがもっとはっきりわかります。この死者の祭りで、インディアンは日本人とまったく同じように豆まきをしています。

古代ギリシャでも、豆まきの儀礼がおこなわれていました。ギリシャ・ローマでは、ユピテルの祭りや死者の登場する祭りには、家の主婦は豆（ソラ豆）を茹《ゆ》でて、供えなければなりません。古代ローマの風俗について書いたプリニウスの文章を見てみましょう。

> このため、通常、死者の葬儀、埋葬にあたってソラ豆を食べた。……古代の人々がソラ豆のことをうやうやしく仰々しく語った。……古代の人々は穀物とは言わず、幸運を招くためにソラ豆と言った。
> （プリニウス『博物誌』）

ギリシャにはかつてエレウシウス教やオルフェウス教のような、生者が死者の世界に降りていくシャーマンの祭りが、さかんにおこなわれていました。ここでも、茹でたソラ豆はとても大きな働きをして、死者に捧げたり、食べたりする儀礼がおこなわれていたといいます。こういう豆の意味をどうやって捉えたらいいのでしょう。アメリカ・インディアンがはっきり言っているように、豆は死者と生者の仲介者です。しかしどのようにして、豆はそのような地位を得たのでしょう。「豆の神話学」というジャンルが存在していそうです。

「豆の神話学」について、レヴィ＝ストロースが「アメリカのピタゴラス」というじつに気の利いた論文のなかで、とてもおもしろいことを書いています。アメリカ・インディアンは、豆とトウモロコシをよく似た位置に立っている植物だと考えています。どちらも神聖なところのある植物で、どちらも丁寧に扱う必要があったのです。しかし、豆とトウモロコシのあいだには、微妙な違いがありました。トウモロコシは多くの部族で男性的な植物だと言われています。これに対して概して、豆は女性だと言われることのほうが多いのです。豆は莢《さや》の中にたくさんの種をつけますから、豊饒の象徴としても扱われ、その点でも女性的です。

さらに、インディアンの俗語《スラング》を調べてみますと、豆という表現は男性の睾丸のことを言っているのに対して、「一本立ち」のトウモロコシはペニスのことを表現していると、考えられているようです。そうなると、豆とトウモロコシの対立は、男性の性器における、睾丸とペニスの対立に対応していると考えています。そして、柔かい睾丸はペニスに対して、より女性的な存在であるというわけです。

ソラ豆とクリトリス

レヴィ＝ストロースはこの関係を前ページのような図にしています。なにごとをも男性的と女性的の二元論の対立で思考したがる傾向を持ったアメリカ・インディアンの世界では、睾丸とペニスは同じ男性的な器官に属していますが、柔らかい睾丸はより女性的なものとして硬いペニスに対立しますが、それと同じ関係がソラ豆とトウモロコシのあいだにみいだされることになります。そうすると例えば日本の民間神話において大活躍をしている狸という動物は、あの大きな睾丸を持つことによって、より女性的な動物ということになるでしょう。じっさい江戸時代の絵などには、狸がこの巨大な睾丸を拡げて風呂敷がわりに物を包んだりしている様子が描かれていますが、ここにも狸の女性性がよく表現されています。睾丸は男性器の中のより女性的な器官ということになりますが、この考えはじつに広範囲に抱かれていたようです。

レヴィ＝ストロースもこの論文の中で楽しそうに紹介していますが、日本語の古い俗語で、豆と言えば女性のクリトリスを意味していました。遊郭などでさかんに使われていた言い方です。しかもクリトリスは形態のはっきりしにくい女性器の中ではとくにすっきりとした形態を持ち、その点では男性器の特徴に近いものですから、この豆と呼ばれる器官は、女性器の中の男性的な部分と考えられることになりますが、面白いことにアメリカ・インディアンもまったく同じ考えを抱いていました。

そうすると、とても興味深いことがわかってきます。豆は男性の睾丸にあたると言われていたことを、思い出してください。じっさい、睾丸のことを豆と呼んでいる地方がたくさんありますし、日本語でも豆は二重の意味を持っています。つまり、男性の身体のうちでもっとも男性的な器官の中の女性的な部分、これが睾丸ですが、これは豆だと言うのです。ところで一方の俗語では同じ豆ということばが、女性的なもののうちでいちばん男性的な部分をあらわしていました。男性的なものの中のより女性的な部分（睾丸）と、女性的なものの中のより男性的な部分（クリトリス）、これがどちらも「豆」と言われていたわけです。

つまり、広い地域で共有されていた神話的思考において、「豆」は男性性の中の女性的なものをあらわすと同時に、女性性の中の男性的なものをあらわします。つまり対立しているもの同士を仲介する働きを「豆」は持っていたことになります。神話はこの仲介の論理を駆使します。そのために、豆という植物は、世界中の神話で大きな働きをすることができたのです。

面白いことに、世界中の神話で「穀物の起源を語った神話」を見てみますと、豆と穀類が対立されているケースがとても多いのです。起源神話の中では、殺された女神の身体から、最初の穀物の種子が出てきますが、このさい豆は死んだ女神の下腹部から出てくることが多いのに対して、穀類は眼や口から出てくることが多いようです。豆も穀類も人間の生命を養ってくれるという意味では、生命に属しているものです。ところが、穀類と豆類を対立させてみますと、穀類はより生命に近いところの食べ物であって、豆は死に近いところの食べ物だと考えられていたようなのです。

つまり、生命的なものの中にあって、豆はより死に近い食べ物だということです。これは先ほどの解剖学的な考え方ともよく合致する結論です。豆は男性の中の女性的な部分をあらわしているし、女性の中の男性的な部分をあらわしていますが、同時にこの豆は、生命的なものの中にあっては、生の中の死をあらわしているという特徴を持ちます。男性と女性を媒介する豆は、また生と死を媒介する存在でもあるということになります。

人々がおおっぴらに語ることを慎んだ俗語や、遊郭のような悪場所で好んで使われた言葉などは、放っておけばただの物好きで終わってしまいますが、なかなかどうして、かえって人類の古い思考の保存場所であったというケースが多いのです。神話の思考を学ぶことにはそういう楽しさがあります。人間についての学問から、こういう楽しさを奪ってはいけません。

だからピタゴラスは豆を嫌った

神話的思考は、豆を男性性と女性性の中間に立つ仲介と考えました。そこから生と死を媒介するものとしての豆の機能という考え方もあらわれてきます。豆には死の香りが含まれているために、死者は豆を好みます。そういう豆を媒介にして、人間は死者とコミュニケーションができると信じられ、死者を招くために豆を料理してお供物にしたり、豆を食べたり、闇に向かって豆を投げたりしたわけですし、その両義的な性格によって、死を払うこともできたわけです。

そうすると、ピタゴラスがどういう考えから豆を排除しようとしていたかが、理解できるようになります。この教団は男性だけで結成され、女性に近づくことは厳しく禁じられていました。教団のメンバーには極端な禁欲が要求され、ひたすら思考の純粋性が追求されたのでした。世界は数と音楽によって出来上がっているという思想に、そのことはよくあらわれています。ただ純粋なものだけが、世界の根元を構成することができるのです。このピタゴラス教団のあり方や思想は、ヨーロッパというものが形成されるのに、甚大な影響を及ぼしました。キリスト教の修道院はだいたいピタゴラス教団の組織や実践をモデルにしていましたし、西欧哲学が形而上学としてひたすらに純粋なものを追求しようとした点も、この教団のおこなった強烈な探求につながりをみいだすことができます。その純粋志向のピタゴラス教団に嫌われたものこそが、両義的な仲介機能を濃厚に持つ豆だったのです。

神話は人生や世界のあり方がはらむ矛盾を「哲学」しようとしていました。そのために、論理的仲介機能を果たす具体的なものを好んでとりあげようとしました。これは、男性的であると同時に女性的、生に属すると同時に死の領域のものでもある豆のような存在を、多いに好みました。性格があいまいで、両義的で、（純粋を指向しようとする人々には）汚れたいかがわしいものが、神話にはどうしても必要だったのです。

ところが、ピタゴラスは論理的仲介機能を持つこの「汚れた」性質を好みませんでした。そのために、男性だけでつくられた教団の中で語られる真理から汚れたもの、両義的なもののいっさいを排除しようとしました。女性を近づけさせなかったのはもちろんのこと、豆までも嫌ったのです。ピタゴラスはあんなちっぽけな豆を、悪魔的《デモーニック》な恐ろしい存在だとも考えました。豆を軽蔑していたわけではなく、むしろ大変な魔力を持つものとして恐れたわけです。

西欧哲学の原型はピタゴラスとその教団の教えや組織にあると言われています。論理や数を使った純粋に合理的な推論のみで、真理を語ろうとする哲学が、こうして形成されてくることになります。そこでは、神話は不純な論理によるいかがわしい思考とみなされるようになります。こうして、ヨーロッパにおいては、「人類最古の哲学」としての神話は、しだいに哲学としての扱いをされなくなりましたが、それがひとつには「仲介機能」を汚れたものとするピタゴラスの考えに発していることを思いますと、一粒の豆がじつに大きな（この場合は負の働きですが）働きをしたかに、心を打たれます。西欧哲学でこの状況はじつにヘーゲルによる弁証法の再発見まで続くことになります。

燕の再登場

もうひとつピタゴラスが、自分の教団でやってはいけないと決めたことがありました。燕が家の中に巣をつくることを許さない、という掟です。ここからすぐに、燕の営巣の禁止はソラ豆を食べることの禁止と同じ性質を持っているのではないか、ということが予想されます。燕を家に入れることが、豆を体内に入れることと同じ意味を持つだろうということです。ソラ豆はその両義性によって、純粋哲学者に禁忌されました。では、燕はどのような意味において、両義的で、神話の論理において仲介機能を果たしていたのでしょう。私たちはもういちど「かぐや姫」の世界に戻ることになります。

神話は具体性の論理を使う、とレヴィ＝ストロースは主張しました。生のもの／腐ったもの、乾燥したもの／湿っているもの、熱いもの／冷たいもののような対立する感覚的事実を、論理を操作するための項として利用して、人生や宇宙の意味を哲学的に思考しようとしたのが神話だと言うのです。私もこの考えは基本的に正しいものだと思います。するとそこに必然的に「仲介」の機能を果たす両義的なものが必要になってきます。項と項のあいだをつなぐものがなければ、生活に密着した思考をおこなう神話のようなタイプの哲学は、完全なものにはならないからです。極端な状態だけで、世界はつくられていないからです。必ずふたつの項を仲介するものがなければ、神話は世界を思考することすらできません。

この意味では、燕はあきらかに両義性の鳥です。そのような鳥として、乾燥／湿気というふたつの極端な状態をつなぐ仲介の機能を持つのです。多くの民間詩や民謡の中で、燕は冬の闇を破ってあらわれ、ほがらかな春を告げにあらわれる鳥として、描かれています。それは冬の厚い雲の中から、雷鳴とともに（燕は雷と深い関係を持つ動物だとも、考えられていました）突然に出現するのです。燕は四月の頃に突然その姿をあらわします。ヨーロッパですと、冬はけっこう長いですから、燕の出現は春の訪れを告げる、うれしい前触れでもありました。

燕の出現はとても印象的です。燕は大変にスピーディに飛行する鳥ですので、突然あらわれるという印象が強いのでしょう。まだ冬の雲が空を覆っている頃、これから訪れる春を誘うようにして、雷鳴とともに雨が降りはじめる、その時に、燕が空を飛行しだすのです。その燕に誘われるようにして、いっせいに花が咲きだします。暗く、寒く、湿った、閉ざされた季節から、明るく、暖かく、カラッとした、ほがらかな季節への変化が、燕の移動によってひきおこされるように、人々には感じられたことでしょう。

燕は、暗い季節から明るい光に向かっての転換を仲介しているのです。燕があらわれることによって、今までのあのどんよりとした冬の空が、一気に明るい春の光に包まれて、今までジメジメ湿っていた大地が次第に乾燥に向かっていくことになります。この変化を仲介しているのが燕なのです。この点では、燕はあきらかに乾燥した季節を連れ出す鳥だということになります。

ところがここにひとつの矛盾した性格があらわになってきます。燕は渡りをする動物ですが、昔の人々は渡りの現象について詳しくわかっていませんでしたから、冬のあいだ、燕がなにをしているかについて、いろんなことが考えられていました。暗い季節を追い払い、世界に明るさと乾燥をもたらしてくれる燕が、冬のあいだはじつは水の中で冬ごもりをしているという考えさえ、抱かれていました。じっさいに、中世に描かれた版画には、冬に漁師たちが一面氷のはった川で、氷をかいてそこに網を投げ込んでひきあげてみると、網の中に眠たそうな顔をした燕がいっぱいにかかってくる情景を描いたものまであります。

「冬の燕は魚だ」という考え方もあったぐらいです（「冬に燕は貝になる」という考え方もありました）。冬のあいだ、姿をあらわさなくなって、水界に去っていった燕について、人々の神話的思考は冬に燕は魚になると考えたわけです。その水界の鳥が、春の訪れとともに水界を出て、燕の鳥に姿を変えて、めざましい速さで飛行しながら人間の世界にあらわれます。それとともに、ジメジメとして暗かった冬の季節が終わって、カラッとした暖かい春がやってきます。つまり、燕はたんなる春告げ鳥ではなく、冬と春、湿気と乾燥などを仲介するために、ふたつの領域を行ったり来たりできる両義的な鳥だということになるでしょう。

実際に、燕という動物は、湿気の領域のプロフェッショナルだとも言われています。水の世界へ出入りしている動物ですから、水や湿った泥を扱うのがとても上手と言うわけです。ですから、地方によっては燕のことを「左官屋」という呼び名で呼んでいるところもありますし、土器をつくる人たちも燕と深い関係があると言われています。実際に燕の巣をつくるところをご覧になった人もいるかと思いますが、この鳥は嘴で唾液と土を上手に混ぜて、巣をつくります。柳田國男によりますと日本の燕の古い名称は、「ツチハミクロメ（土喰黒女）」でした。土を食べる黒い女というわけです。この名称はじつに意味深長です。土は湿気に近いものですから、その土を好んで食べる女としての燕は、湿気と闇の動物です。つまり、死の領域に触れている動物なのです。

カンニバル的性格

さらに燕は、大変に貪欲な動物です。このことは神話にとって大変に重要です。燕はものすごい大食漢です。空中をあのスピードで飛行しながら、しかも食べている様子を、人々ははっきりと観察していたのですね。燕が虫を捕獲するやり方は、空中を口を開けて飛びながら捕獲するやり方で、この点ではヨタカ鳥によく似ています。このヨタカ鳥もまた大変貪欲な鳥だと言われていて、口の大きさは燕の五倍ほどもあります。多くの神話でヨタカ鳥は貪欲なカンニバル的な動物として恐れられています。燕はこのヨタカ鳥と、近い場所にいるのです。

カンニバルも、貪欲さと関わりがあります。そして死者や闇の領域に深い関係を持つものは、みなこの貪欲なカンニバル的性格を持たされています。世界中で「人食い鬼」のようなカンニバル的存在は水界と関連づけられています。こういう鬼は、沼や湖のような水界から出てくることが多いのです。ところが燕も水界から出てくると考えられていたことを思い出してください。しかも貪欲によく食べる鳥なのです。これだけのことからも、燕が死と水の領域に深い関わりを持つ、両義的な生き物だということがわかるのではないでしょうか。燕は春を告げるほがらかな動物である反面、悪魔的な性格を秘めた複雑な鳥なのです。

これでなぜ教団の中で豆を食べることを禁止したピタゴラスが、燕が家の中に巣をかけることをも禁じたか、その理由がわかってきます。豆と燕はよく似た存在だからです。豆は、解剖学的・植物学的なレベルにおいて、生と死を仲介する、両義的な存在でした。そのために、そういう豆を食べることとは、自分の体内に過度に女性的なものを取り入れることを意味していたし、それは死と身近なもの、両義的でいかがわしい中間的なものを自分の体内に取り入れることを意味します。ピタゴラスのように論理の純粋化を求めた哲学者としては、とうぜん自分の体内に豆を取り入れることなどは許さなかったことでしょう。

だから家の中には燕を入れてはならなかったのです。体の中に取り入れてはいけないのが豆ならば、家の中に取り入れていけないのは燕です。それは燕が渡りをおこない（その渡りは春を告げるというプラスの一面も持つのでしたが）、水界に深く馴染《なじ》んで、死の領域に近い、恐るべき貪欲さを持った悪魔的な動物でもあるからです。

水の世界と陸の世界をつなぐ仲介的な働きによって、神話の中では、燕は大きな働きをしてきました。ところが、西洋哲学の起源をなすピタゴラスの哲学においては、これは取り入れてはならないとされたのです。ピタゴラス哲学は神話の思考法と多くの共通点を持った思考を展開していましたが、同時に神話の信用失墜をおこなった最初の西欧哲学者だということにもなります。ピタゴラスはちょうつがいの働きをしたのです。こちら側には近代《モダン》の純粋主義にも通ずる性格を持ちながら、向こう側には神話の世界の大地が拡がっています。するとこれこそあの節分の豆まきに相当する、呼び寄せながら払うという、二重の性格をあらわすことになっています。豆を嫌ったピタゴラスこそが、儀礼に使われた豆と同じ働きをしているのです。これこそが神話の思考の持つ奥深さというものです。

第三章

神話としてのシンデレラ

シンデレラは人類的な神話である

燕石にまつわる伝承は、ユーラシア大陸の東の端と西の端に、ほとんど同じ内容のまま伝えられていました。このような場合さまざまな仮説をたてることはできますが、極東で記録された年代の古さやアジアでの分布域の広さ、またヨーロッパでの伝承形態の極端なほどの素朴さなどのことを考えにいれてみますと、この伝承の原型になるものを中石器時代頃に語っていた人々がいて、それが人々の移動や語り伝えによって、大陸の東と西の端にまで拡がって残ることになった、という仮説にも十分な説得力があると、私は考えます。

私たちはこれから燕石伝承と同じ性格を持った、もうひとつの神話的思考の「残骸」を調べることによって、この本の目的である人類的な分布をする神話というものの本質にせまってみたい、と思います。「残骸」と申しましたが、この「残骸」はとても美しい、みごとな形を持っています。ことによると中石器時代に語られていたと推測される「原型」よりも、ずっと完成したみごとな形をしています。今日まで伝えられているものは、「原型」の持っていたであろう神話としての性格を失っているために「残骸」と呼んだのですが、そこには不思議なほど完璧に古代的な性質が保存されています。私たちはあとでこの「原型」を復元する試みもおこなってみたいと考えていますが、そのときになって、あらためてこの美しい「残骸」の持つ不思議さに、心を打たれることになると思います。さてその「残骸」とは、私たちにもなじみの深い「シンデレラ」の物語にほかなりません。

シンデレラの物語は誰でも知っているでしょう。シンデレラ物語は、ウォルト・ディズニーによってアニメ化されて世界的にヒットしましたから、こちらのほうで知っているという人も多いでしょう。しかしディズニーがアニメにする以前から、この物語はよく知られていました。ディズニーが原作としたのは、あとで詳しくお話をするフランスのシャルル・ペローの童話集に出てくるものです。しかしペロー版の以前から西欧にはさまざまな形態のシンデレラ物語が伝えられておりましたし、さらにはユーラシア大陸のほとんどすべての地域で、さまざまな形（異文）が語られてきました。それらの中にはあきらかに、近世になってポルトガルやスペインの人々が航海によってもたらしたものだろうと考えられるものも、いくつかはあるのですが、インドネシアやニューギニアや中近東に伝えられているものは、単純な移植ということでは理解できない面を含んでいます。

それになにより、これも我が南方熊楠があきらかにしたことですが、『竹取物語』が書かれたのとほぼ同時代（九世紀）の中国に、すでにシンデレラ物語が語られていたのです。これらの異文の構造を調べていくことによって、私たちはこの物語の恐るべき「深さ」に到達することになります。それはちょっと背筋の凍るほどの「深さ」です。そしてそこまでお話すれば、これらの人類的な分布をする神話の持つ中石器的本質というものが、すこしはおわかりいただけるのではないかと思います。

このシンデレラのお話はついには童話やアニメにまでなりましたが、それにはじつに長い来歴があります。シンデレラのお話にはじつにいろいろな形があります。この物語はことにヨーロッパで特殊な発達をとげたのです。最初に文字に記録されたのは、一六三〇年代のイタリアで、『猫のシンデレラ』というお話がイタリアで小説化されました。これは民間に伝えられていたフォークロアを小説にしたものです。

この大きな影響を受けながら、フランスのルイ一四世の王室にいたシャルル・ペローという詩人が一六九五年に『ペロー童話集』を刊行します。この童話集は、シャルル・ペローがフランスの民間に伝わっている話を、ルイ王の宮廷にふさわしいように、上品に語りなおしたものです。これがヨーロッパで最初に有名になったシンデレラ物語ですので、まずこの話の中身を詳しく見ていくことにしましょう。

「サンドリヨンまたは小さなガラスの靴」

シンデレラはフランスでは「サンドリヨン」と呼びますが、この名前には深い象徴的意味がこめられています。じっさいにお話の中にも出てきますが、この少女は「灰尻っ子」という意味の「キュサンドロン」という言い方でも呼ばれています。これはとても下品な言葉で、娼婦をののしる時にも「おまえの尻は灰だらけだ」という意味で、このことばが使われます。「サンドリヨン」は、文字通り「灰まみれ」という意味です。これはたんにこの少女が汚い台所仕事ばかりやらされていた、という意味ばかりではなく、灰のある場所つまりは「カマド」というものの持つ神話的な意味を想起しようとしています。この物語では「料理の火」がとても重要な働きをしているのです。

「サンドリヨンまたは小さなガラスの靴」

昔々ある男がいて、またとないほど自惚《うぬぼ》れが強く、偉ぶった女を二度目の妻として迎えた。女には、性格が何から何まで自分にそっくりの二人の娘がいた。二人を連れて再婚したのである。男の方にも初めの妻との間に出来た小さな娘がいた。ところがこの娘は全く違っていた。何とも気だてのよい優しい娘で、それは生みの親から譲り受けたものだった。その母親がまたとない気だての良い女だったからである。

結婚披露の宴《うたげ》が終わるやいなや、継母《ままはは》のばけの皮がはがれ始めた。継母にはこの姿の愛らしい娘の気だての良さが我慢ならなかった。というのは娘の気だてがよければよいほど、自分の二人の娘がよけいに悪く見えてしまい、この娘を憎む気持ちは増すばかりだったのである。継母はこの娘に家内の嫌わしい仕事ばかりをさせた。皿やテーブルをぴかぴかに磨き上げる仕事、継母の部屋と、そして娘二人の部屋の床までぴかぴかにしなければならなかったのだ。娘はひどい屋根裏部屋の粗末な藁布団で眠ったが、二人の姉妹は流行の綺麗な布団に包まって寝た。部屋の床には象眼《ぞうがん》が施《ほどこ》され、頭のてっぺんから足の先まですっかりうつる大きな姿見までついていた。かわいそうな少女はどんなことにも我慢強く耐え、父親に言いつけたりはしなかった。言えばきっと娘のことを案じただろうが、今では継母がすっかり父を尻に敷いていたのである。仕事がすむと、娘はよく煙突のある片隅に行き燃えさしや灰の中にうずくまっていた。

そのせいで娘は「灰尻っ子《キュサンドロン》」とあざけって呼ばれた。

二人の姉妹のうちでも下の方は上の姉ほどには口汚くはなく、また無作法でもなかったが、それでも彼女を「灰まみれ《サンドリヨン》」と呼んだ。サンドリヨンは粗末な身なりはしていたが、それでも他の姉妹よりは何百倍もきれいな娘だった。彼女たちの方がいつも上等のドレスを着ていたのに。

ある時王子様が舞踏会を催し、その会に身なりの美しい人々を招くということになり、この家の娘たちも招かれることになった。彼女らは上流階級の間でもとりわけ異彩を放っていたからである。娘達は招きに大喜びし、自分ににあうガウンやペティコート、髪飾りを選ぶのに大忙しだった。これがまたサンドリヨンには新しい悩みの種だった。彼女たちの肌着にアイロンを掛け、ドレスのひだを上手に作ったりするのはみなサンドリヨンの仕事だったからである。彼女たちは終日どんな格好をして行こうかとそればかりを話していた。

「私はフランス風の縁飾りの付いた赤のベルベットのスーツを着て行くわ」と姉の方が言うと、妹は、「私はいつものペティコートで我慢するわ。でもその代わりに金色の花の付いたマントを着てダイヤモンドのついた胸飾りを付けるの。世界中どこを探したってこれほど珍しいものはないわ」と言う。

　近郷の着付け上手を呼んで来させて髪飾りを作らせたり、帽子をうまく被らせてもらい、また赤い羽毛飾りやつけぼくろをおしゃれな婦人小物店から取り寄せたりした。サンドリヨンも姉妹に呼びつけられ、こういった一切のことの相談を受けた。というのもサンドリヨンはこういったことにもとても詳しく、姉妹への彼女の勧めはいつも適切だったからである。というよりむしろ、彼女らの方がサンドリヨンに髪を整えたりすることをしてもらいたがったのである。サンドリヨンが髪を整えていると、二人は彼女にこう言った。「サンドリヨン、舞踏会に行けるのが嬉しくないの」「あら、何てことをおっしゃるの。冷やかさないで下さいな。私など舞踏会にいけるわけがありません」これをとらえて彼女らは言った。「確かにそうねぇ。舞踏会に灰まみれが現れるなんてみんな大笑いするわねえ」

　彼女らの癖のある髪を綺麗にできる上手はサンドリヨンを置いていなかった。彼女は見事に二人の髪を整えた。二人は招かれる喜びに有頂天になっているほとんど二日もの間何も食べずに過ごしていた。何とかほっそりと美しく見せるために身体を締め付けようとやっているうちに切れてしまった紐の数は十本を優に超えた。そして鏡の前から離れようとしなかった。ついに幸せな日がやってきた。彼女らは宮殿に出かけた。出て行く二人を目で追いながら、やがてその後ろ姿もみえなくなると、サンドリヨンは急に泣き出した。

　彼女を密かに見守っている名付け親《ゴッドマザー》の妖精はサンドリヨンが涙に暮れているのを見ると、一体どうしたのかと尋ねた。

「私もできることなら、できることなら、……」溢れ出る涙に声がつまり、その後は言葉にならなかった。母親代わりに彼女を見守ってきたこの妖精は言った。「おまえも本当は舞踏会に行きたいんだね」「ええ」ため息混じりにサンドリヨンはやっとのことで答えた。「じゃあ、いい娘でおいで。おまえが行けるようになんとか私がやってみようじゃないか」妖精はこういうと娘を部屋へ連れて行った。「さぁ、急いで畑に行ってかぼちゃを一つ取っておいで」

サンドリヨンはすぐさま駆けて行き、一番見栄えのよいかぼちゃを持って妖精のもとに戻ってきた。でもかぼちゃなんかで舞踏会に行けるようになるとはどう考えても思えなかった。妖精がかぼちゃの中身をスプーンですっかり掻き出すと、外側だけが残った。それがすむと魔法の杖を一振りした。するとたちまちかぼちゃは金色に光り輝く立派な馬車に姿を変えた。

それから妖精は自分の鼠捕りを見に行った。鼠は六匹生け捕りになっていたので、サンドリヨンに鼠捕りの蓋を少しばかり押し上げるように命じた。一匹一匹出てくる鼠に例の魔法の杖を一振りするとたちまち鼠は立派な馬にと姿を変え、美しい鼠色に斑模様をした全部で六頭の第一級の馬車用の馬になった。ところが御者がいないのでうろうろしているばかりだった。「私がドブネズミの罠を見てくるわ。もしいればそれを御者にすればいいもの」とサンドリヨンが言うと妖精は答えて、「そうだ、おまえの言うとおりだね。行って探しておいで」と言った。サンドリヨンは仕掛けてあった罠を持ってきた。中には大きなドブネズミが三匹かかっていた。妖精は三匹のうちで一番立派なひげをした一匹を選び出し、魔法の杖を一振りするとドブネズミは太って陽気で、そしてそれまで見たことのないほど格好のよいひげをたくわえた御者になった。

続けて彼女はサンドリヨンに言った。「もう一度裏の畑へ行っておいで。水瓶の側にとかげが六匹いるからそれをここへ持っておいで」サンドリヨンがすぐさま妖精の言うとおりにすると、妖精はとかげを六人の下男にした。彼らは金銀で飾り立てたお揃いの下男の制服を身に纏《まと》い、これまでその他の仕事はしたことがないとでもいうようにすっかり板についた様子で馬車の後ろをおたがいにぴったり寄り添って走り始めた。そうして妖精は今度はサンドリヨンに言った。「ごらん、舞踏会に行くのにふさわしい馬車が一揃いすっかり出来上がった。気に入ったかい」「ええ、もちろんだわ。でも、あれにのって私はこんな格好で行かなくてはいけないのかしら。こんな汚いぼろを纏って」

妖精が魔法の杖で軽くサンドリヨンに触れると彼女の着ていたものはたちまち宝石のたくさん付いた金糸銀糸のドレスにと変わった。これがすむと妖精はサンドリヨンに世界中で一番綺麗なガラスの靴を与えた。こうして美しい装いの準備ができるとサンドリヨンは馬車に乗り込んだ。この時妖精はとても大切なことをサンドリヨンに注意して言った。真夜中を過ぎるまで舞踏会にいてはいけない。真夜中を一瞬たりとも過ぎれば、馬車は元のかぼちゃに戻り、馬も皆元のはつかねずみに、御者もただのドブネズミ、下男もとかげに戻ってしまい、そしてサンドリヨン、おまえのドレスも元の汚いボロスカートに戻るだろう、と。

サンドリヨンは、妖精にきっと真夜中にならないうちに舞踏会から戻ってくると約束した。そして、喜びに胸がはちきれんばかりの思いで馬車に乗って走り去って行った。誰も知らないけれどすばらしい王女がやってきたと聞いた王子は、王女を出迎えるために走り出た。王子は馬車から降りる王女に手を貸し、そして人々の皆集まるホールへと王女を案内した。するとたちまちホールはぴたりと静まり返った。人々は踊るのをやめ、バイオリン弾きは演奏の手を止めた。皆こぞって突然に現れたこれまで見たこともないほどに美しい王女が一体誰なのかと考えをめぐらした。聞こえるのは驚きと、一体誰かといぶかぶる声ばかりだった。「なんときれいな王女なのだろう。本当にきれいだ」

年老いた王様さえ王女をまじまじと見つめないではいられなかった。そして側にいた女王に、こんなにも美しいかわいらしい女性を見るのは本当に久しぶりのことだと小声で言った。舞踏会に招かれている女性たちは皆サンドリヨンのドレスや髪飾りの品定めに忙しかった。あれほど上等な布や仕立ての腕を持った職人が見つかるなら、明日にでも同じデザインで自分もドレスを作らせようと思うからだった。

王子はというと、彼女を主賓の席に連れて行き、その後で一緒にダンスを踊った。彼女の踊りはこのうえもなく優雅だったので人々はますます彼女を誉めた。軽い食事も振舞われたが、王子の喉には一かけらも通らなかった。ただ王女をじっと見つめるばかりだったからだ。サンドリヨンは自分の姉妹のもとに行って一緒に座り丁重に挨拶を交わした。そして王子さまが彼女にくれたオレンジやレモンを分け与えたが、彼女らはとても驚いた顔をした。彼らには彼女が誰か解らなかったからである。こうしてサンドリヨンは自分の姉妹を楽しませていたが、その時時計が一一時四五分を打つのが聞こえた。すると彼女は慌てて立ち上がり、皆に丁寧に別れの挨拶をし、そして走らんばかりに急いで立ち去って行った。

家に帰るとサンドリヨンは妖精を探した。妖精に礼を述べると彼女は、できれば次の夜も舞踏会に行きたいと本当は、思うと打ち明けた。王子さまがそうしてくれと言ったと言うのである。

サンドリヨンが妖精に舞踏会で起こったことを熱心に話していると、二人の姉妹がドアをたたく音がしたのでサンドリヨンは走って行ってドアを開けた。

「まあとても遅かったのね」まるでたった今眠りから覚めたとでもいうようにあくびをしたり、眼を擦りながら彼女は言った。もちろん、彼女らが出かけてから眠りたいような気になったことはさらさらなかったけれど。

「もしおまえが舞踏会の場にいたなら退屈するなんてことはなかったろうに。舞踏会にはすばらしく美しい王女様がきていたのよ。この世の人とは思えないほどきれいな方だったわ。その方が私たちにはとても親切だったのよ。オレンジやレモンを下さったりしたの」

サンドリヨンはこのことには全く関心を示さない風だった。その王女の名前を聞くと彼女らは解らないと言い、また、王子はその王女のことが何も解らないのにいらだち、国中に王女が誰かを調べるようおふれを出すのだと語った。これを聞くとサンドリヨンは微笑んでこう言った。「まぁそれならその王女様は本当にきれいな方なのねえ。そんな方を見られて本当によかったわねえ。私も一目見られないかしら。ねえ、シャーロットさん、あなたの普段着の黄色いドレスを私に貸してくださいな」「自分のドレスをおまえみたいな灰まみれに貸すですって！　そんな事をすれば私は本当の大馬鹿になっちゃうわ」

サンドリヨンは、実は、おそらくそういう返事が返ってくると思っていたので、断られて幸いだった。冗談でたのんだドレスを本当に貸してくれたらいやでもそれを着なくてはいけなかったからだ。

次の日二人の姉妹は舞踏会に出かけた。サンドリヨンもまた出かけたが、今度はさらに立派な装いをして行った。王子様は彼女の側から一時も離れず、絶え間なく彼女を誉めそやす言葉を言い続けた。王子様の言葉はいくら聞いても飽きることがなかったので、サンドリヨンは妖精の忠告をついうっかりと忘れてしまった。だからまだ一一時だとしか思っていなかった時計が一二時を打つのを聞いたとき、サンドリヨンは立ち上がってまるで小鹿のようにすばしっこい身のこなしで駆け去ってしまった。王子は追いかけたが彼女を捕まえることはできなかった。彼女はうっかりガラスの靴の片方を落としてしまい、王子はそれを大事そうに拾い上げた。息絶え絶えに家に辿りついたが、美しい装いは何も残らず元の汚い衣服に戻ってしまっていた。ただ落とした靴の片われの小さなガラスの靴だけは残っていた。宮殿の門番は王女を見かけなかったかと聞かれたが門番はこう答えるばかりだった。

「汚いなりをした少女が一人通っただけで、それ以外は誰も見かけませんでしたね。その娘はどう見ても貧しい田舎娘で立派なご婦人の身なりではありませんでしたよ」

二人の姉妹が家に戻るとサンドリヨンは楽しかったかと尋ね、また例の立派なご婦人も舞踏会に来ていたかと尋ねた。「ええ、でも王女様は一二時が鳴ると慌てて駆け去って行かれたの。あんまり急いでいらしたので世界一きれいでかわいらしいガラスの靴の片方を落としてしまったの。王子さまがそれを拾われたけれど。王子様ったら舞踏会の間中、王女様を見ているばかりなの。あれはきっとあのガラスの靴の持ち主の美しい方に恋していらっしゃるんだわ」

彼女らの言ったことは確かだった。それから数日たつと、王子は命じてトランペットの音で例の靴にぴたりと入る足を持った女性と結婚すると宣言したからである。王子の命を受けた家来の者が王女たちや公爵夫人、それから宮廷の者皆に靴を試しに履かせてみたが足の合うものは一人もいなかった。靴は二人の姉妹のもとにも持ってこられ、二人は何とかして足を靴にすべり込ませようとやってみたが無駄だった。これを一部始終、それが自分の靴だと知っているサンドリヨンは笑いながら二人にこう言った。「私に試しに履かせて下さい」

　二人の姉妹はふきだして大笑いし、そして彼女を冷やかし始めた。靴を試すのに送られてきた紳士はシンデレラの顔をじっと見ると彼女がとてもきれいなので、誰もに靴を試しに履かせてみよという命を受けているのだからサンドリヨンにも履かせてみるようにと言った。

　紳士はサンドリヨンを椅子に座らせ靴を足に履かせてみると、靴はいとも簡単に彼女の足にはまり、まるで蠟でできているかのように彼女にぴたりと合うのだった。二人の姉妹の驚きはかなりのものだったが、サンドリヨンがポケットからもう一方の靴を取り出してはいて見せたときの衝撃はそれにもまして大きかった。そのときこれまで母親代わりにサンドリヨンを見守ってきた例の妖精が現れ、魔法の杖でサンドリヨンの着物に触れると、それまでにもまして豪華ですばらしいドレスになった。

　二人の姉妹はようやくサンドリヨンが舞踏会で見かけたあの立派な婦人だということが解った。二人はサンドリヨンの足元に身を伏してこれまで彼らが彼女に耐えさせて来た過酷な扱いを詫びた。サンドリヨンは二人の手を取って立たせ、二人を抱きながら自分も泣いて心から彼らを宥すと言い、そしてこれからはずっと自分を愛してくれるようにと言った。

　その装いのままサンドリヨンは王子のもとに連れて行かれた。王子は彼女をこれまでにも増して美しいと思い、その数日後二人は結婚した。美しいだけでなく、気だても優しいサンドリヨンは二人の姉妹に宮殿の中に住む場所を与え、その日すぐに二人の立派な領主とめあわせた。

（A・ダンダス編『シンデレラ』池上嘉彦・山崎和恕・三宮郁子訳、紀伊國屋書店より）


　かくてめでたしめでたしのお話です。さすがルイ一四世の宮廷で朗読されていただけあって、じつに上品に語られています。これだけを見ると、これがもともと古代の神話から派生したなどとは思えないほどですが、話の中身を詳しく掘り下げ、さらには庶民の世界で語られていた同型の物語を分析していくにつれて、しだいに神話としての本質が浮かび上がってきます。

すべては欠落からはじまる

ペロー版のこのシンデレラについてすでに細かい分析を試みた研究者がいますから、まずその人の分析を見ることにしましょう（表は、一一八ページ参照）。どんな物語にも冒頭の状況というのがあります。あらゆる神話と民話にとって、この冒頭の状況が重要です。そういう状況には必ずなにかの欠落状態が含まれているからです。そしてどのような物語も、この欠落した部分を補うために、冒険がはじまります。このシンデレラの冒頭部分には、物語が展開していく原因である複雑な人間関係が設定されています。はっきりとは書かれていませんが、お母さんは亡くなってしまいましたが、サンドリヨンと父親のあいだには、愛情に満ちた関係が維持されているように思われます。父親は、前妻の子どもであるサンドリヨンをまだかわいがっています。

そこに邪悪な継母が介入します（父親がどうしてこの邪悪な継母を気に入ってしまったのかわかりませんが、これを説明するために、民話は「結婚式までは従順にしていたけれど、いったん自分が奥さんの地位に就いてしまうとガラッと態度を変えた」、「父親は嫌々ながらも結婚をした」というように言い訳をしています）。この父親と邪悪な継母の関係はよくわからないので、（？《クエスチョン》）の関係としてあります。これは母親の欠落と邪悪な継母の登場がぜひとも必要で、それを仲立ちするのは父親の再婚をおいてないところから、こういうことになっているだけで、父親の気持ちはどうでもいいのです。

ところが、この邪悪な継母には邪悪な義理の姉妹となる娘がおります。邪悪で虚栄心に満ちて、怠惰で醜悪で、清潔を好み、高い位置を望んでいる女性です。これとサンドリヨンのあいだは、決定的に（－《マイナス》）の関係です。つまり邪悪な継母はサンドリヨンを台所へ追い払いましたし、この姉妹ふたりは、このサンドリヨンのことをとても馬鹿にして扱っていました。このように、人間関係の中でサンドリヨンはいろんな欠落をかかえていることがわかります。まず、母親を失っています。それから父親の愛情を半ば失いかけています。継母と姉妹からは敵対されています。

最終的な状況、民話の中でこれは「二人は末永く幸せにすごしました」として語られます。これは王子とサンドリヨンのあいだに実現される（＋《プラス》）関係があらわしています。二人はめでたく結婚するのです。このサンドリヨンの性格は、邪悪な義理の姉妹とは対照的で、善良で、謙虚で、美しく、清潔です。最終的には高い位置にたどり着きますが、サンドリヨンの最初の位置はきわめて低い位置です。社会的に最も低い地位とされている「カマド」の側にいるわけですが、最後には王子とのあいだに結びあわせができます。

シンデレラ・ストーリーの社会的機能

さて、このシンデレラの話には最終的な目的があります。その目的はあからさまな社会的機能で、最も高いものと最も低いものを仲介によって結びつけるというものです。物語の発端では高いものと低いものが徹底的に分離されています。この時代のヨーロッパ世界では、高いものとは王様や貴族のように社会的に高いヒエラルキーが与えられていた人々です。反対に、低い地位は台所仕事をする女です。しかしもっと下がいます。ドブネズミやとかげやかぼちゃのような自然の中にあるものがいちばん下におかれています。

最初の状況では、社会的な高さと低さが徹底的に分離されています。これはその当時の現実でもありました。封建的な身分制度が動かしがたく存在していて、社会的なヒエラルキーをもとに構築されていて、しかもこの高いものと低いもののあいだを仲介するものがない状態が、物語の発端の状況をつくりあげ、同時に社会的現実でもありました。

このシンデレラの話を民間で語り伝えていた人々は、シャルル・ペローの童話の読者とは違って、みんな庶民たちでした。庶民たちは自分が生きているあいだに、社会的に高い地位につける望みのない人たちばかりです。これは誰しもが感じ取っていた社会的な矛盾です。社会がヒエラルキーの高低で構成されていて、しかも低いものが高いものの世界にいたることができない社会として、意識されていました。

そうしますと、最後におこるシンデレラの結婚によって、社会的に極端に低いもの（カマドのそばにいた者）が高いところ（お妃さま）に昇り、また逆に言えば高いところにいた王子様が低いところの者と結婚によって結ばれるという状態が起こっているのです。媒介または仲介が起こったのです。

機能不全を起こしている封建社会には、ふたつの対立している価値があって、このふたつの価値が

この本の タイトル	

本書をどこでお知りになりましたか。

1 新聞広告で　2 雑誌広告で　3 書評で　4 実物を見て　5 人にすすめられて
6 目録で　7 車内広告で　8 ネット検索で　9 その他（　　　　　　　　　　）
＊お買い上げ書店名（　　　　　　　　　　　　　　　　　　　　　　　　　）

1．本書についてのご意見、ご感想をお聞かせください。

2．今後、出版を希望されるテーマ、著者、ジャンルなどがありましたらお教えください。

3．最近お読みになった本で、面白かったものをお教えください。

ご記入いただいた個人情報は上記目的以外には使用せず、適切に取り扱いいたします。

郵便はがき

112-8731

料金受取人払郵便

小石川局承認

1125

差出有効期間
2025年4月9
日まで
（切手不要）

東京都文京区音羽二丁目
十二番二十一号

講談社
学芸部
学術図書編集
行

ご購読ありがとうございました。今後の出版企画の参考にさせていただきますので、
ご意見、ご感想をお聞かせください。

（フリガナ）
ご住所

〒□□□-□□□□

（フリガナ）
お名前

生年（年齢）

（　　歳）

電話番号

性別　1男性　2女性

ご職業

小社発行の以下のものをご希望の方は、お名前・ご住所をご記入ください。

・学術文庫出版目録　　希望する・しない
・選書メチエ出版目録　　希望する・しない

TY 000045-2302

講談社の学芸書籍
新刊のお知らせ

2023 7 JULY

講談社現代新書　7月20日発売

特捜検察の正体

弘中惇一郎
1100円 530877-6

村木厚子、角川歴彦、小沢一郎、カルロス・ゴーンらの弁護を担当してきた無罪請負人が日本最強の捜査機関の「危険な手口」を明かす。

今を生きる思想 ジャン＝ジャック・ルソー 「いま、ここ」を問いなおす

桑瀬章二郎
880円 532859-0

「自由」「不平等」「愛」、そして「人間」とは何か。大きな問いにむきあい続けたルソー。我々の「常識」をゆさぶり続ける、稀代の文人の正体を暴く。

黎明 日本左翼史 左派の誕生と弾圧・転向 1867−1945

池上 彰／佐藤 優
1012円 532858-3

階級を生んだ松方デフレ、白熱のアナ・ボル論争、知識人の「転向」。日本左翼の原点とは何だったのか？　社会運動の源流を探る戦前編！

7月27日発売予定

硫黄島上陸 友軍ハ地下ニ在リ

酒井聡平
1650円 532522-3

なぜ日本兵１万人の遺骨が消えたままなのか？　滑走路下にいるのか、それとも……。新聞記者が執念でたどりついた「真実」。

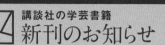

分離されています。民話はそこに仲介機能を持ちこんで高いものと低いものが結合する状態をつくっています。ヨーロッパ民話のほとんどで、ハッピーエンドで終わるときには、結婚がおこなわれますが、この結婚が社会的な意義を持つためには、最初に社会的な分離が設定されていないといけません。それが設定されてあってはじめて、結婚が重要な意味を持つようになりますが、現代では社会的不均衡はお金持ちか貧乏かという落差でできていますから、なかなかシンデレラ物語のような幸福感は発生しにくくなっています。ダイアナ嬢がチャールズ皇太子と結婚したとき世界中の人が熱狂しましたが、それほどに人々は今でも純粋な（お金だけによって決定されていない）社会的仲介の出現を待ち望んでいることが、よくわかります。

この民話を語ることによって、社会は現実には解決できない自分のかかえている矛盾を、すくなくとも思考の中だけでは解決に導こうとしていたのです。シンデレラ物語はそれを想像力の中で実現しようとしていましたが、その背後で働いているのは、ひとつの論理的なプロセスだったことがわかります。

矛盾が解消される過程

重要なのは仲介機能で、神話や民話にはさまざまな形態の仲介機能を果たすものが登場してきます。むしろこの仲介機能だけが、神話や民話の最大の関心事だったのかも知れません。シンデレラにとって重要なのは、彼女が「カマド」の近くにいつもいる不幸な少女だったことであり、「カマド」

は生きている者と死者の世界を仲介する場所であり、この仲介があるからこそ死んだ母親の霊を連想させる「妖精のゴッドマザー」も出現できます。

妖精であるゴッドマザーは、物語が最終的に結婚という形で実現することになる社会的な高さと低さの結合を、前もって実現してしまうこともできました。台所で働く女たちよりももっと下にいると考えられているドブネズミやとかげのような動物やかぼちゃのような野菜が、魔法の杖の一振りで、美しい馬車や御者や馬に変身する魔法を起こして見せます。こうしてみると、民話にとっての「魔法」は、それが実際にあるか否かではなくて、仲介機能を果たす都合のいい手段としての意味しか持ってはいない、ということがわかります。

このシャルル・ペローのお話には、民話の基本的な構造がみごとに過不足なく表現されているということがわかります。重要なのは仲介機能を発揮して、現実の世界をつくりあげている不均衡なもののあいだに、しばしのあいだ調停がなりたっているかのような状態をつくりだしてみることにあります。こういうものをどんなときも社会は必要としています。現実の世界では解決できない矛盾を、はなやかなしつらえを通して幻想的に解決してみせようとする、さまざまな機構が発達しています。かつては民話が、その役目を果たしていました。

現代では同じ機能を、極端に発達した「芸能界」が担おうとしています。現代の芸能界は、社会的なステータスがそこで転換を起こす場所として、人々の関心を引き付けています。そこでは続々とシンデレラがつくりだされ、結婚には過大な意味づけがおこなわれ、上昇と転落が劇的に入れ替わっていくのです。いまや社会の諸価値が転換をおこす「カマド」は、清潔で合理化された台所にはなく、欲望渦巻く芸能界に存在することになってしまったようですが、そこで作動している思考のプロセスは、とてつもなく古い時代からなにも変わっていないことに驚かされるのです。

第四章

原シンデレラのほうへ

たえまない変形のプロセス

シャルル・ペローという作家が書いたこのシンデレラの物語は、実は先ほどもお話ししましたように、ヨーロッパの中では、単なるひとつのお上品な表現形態にしかすぎません。実際にはシンデレラの話は、現在採録されているものだけで、四五〇を越えています。しかもそれぞれ全部形が違います。ペローのものよりも、もっと複雑で興味深い構成になっています。

このように民話は、ほとんどの場合たくさんのバージョン（版、異文）を持ちます。文字に記録された時代が遅ければ遅いほど、そういう現象がおきます。神話のケースもまったく同じで、ひとつの神話にはたくさんの異なった版があります。「決定的な版」という考えは、ことに神話の場合には意味を持ちません。あらゆる民話も、実はどれもがバージョンであって、ひとつひとつ特色を持った異文のすべてを認めなければなりません。このことはちょっと神話や民話を研究してみるとよくわかることで、どこか必ず変形が加えられ、しかも変形によって新しい版を産むプロセスはいつまでたっても終結しないのです。

神話的思考の最も重要な点がここにあります。神話はお互いを変形しあってできあがっているもので、このやり方で新しい話を次から次へとつくりだしていくことができるのです。異文同士がつくりあげる変形のプロセスは、全体で巨大な群をつくっています。どの神話もこの巨大な群の中で自己展開を遂げていくというのが、神話の大きな特徴で、この特徴はすこし違う条件のもとで、民話に対しても言えることです。

どうして神話は、決定版をつくりだそうと努力せずに、いつまでも変形しつづけるのでしょうか？

これにはいろんな理由が考えられます。多くの神話や民話は、文字によって書き記されたものではなくて、記憶されるものでしたから、「上演」のたびに少しずつ変形が加えられたという点も、無視はできないでしょう。しかし原因はそれだけではないでしょう。同じものをそのまま繰り返してもかまわないわけですが、ひとつの社会で語られていた神話が別の社会に伝わって、そこで語られるようになったときには、記憶の問題ではかたづけられない、ドラスティックな変形がおこなわれます。語られるお話の背景になる環境が変化すると、神話はもともと現実を表現するだけではなく、現実が解決できない矛盾を思考の中で解決に導こうとするものですから、どうしても背景となる現実に合わせて変わっていかなければならないからです。

それに同じ社会の中でも、語る人たちの関心が話のどこに焦点を合わせるかで、神話は自己変形していくことになります。私たちの日常経験でも、同じメッセージをまったく違う表現の仕方で伝えようとすることもありますし、とてもよく似た表現でまったく違うメッセージが伝えられることもあります。こういうことが神話ではもっとひんぱんに、また印象的な形でおこります。そのために、同じ社会の中に、同じ神話の違うバージョンがいくつも伝わっているというケースがおこるわけです。

シンデレラ物語は神話的思考によってつくりだされた「民話」のジャンルにおさまるお話ですが、とりわけこの「自己変形」のプロセスが大規模かつ執拗に繰り返されたもののようです。それは、この物語のもつ途方もない来歴の古さを語っているとともに、人々がいかに深くこの物語に関心を持って、そこに内蔵されていていまだに表現されきっていないメッセージを、表に引っ張り出してこようと情熱を傾けたかの証《あかし》です。じっさいペロー版などは、ヨーロッパ各地に伝わるこの物語群の中の、比較的（メッセージ量が）貧弱なタイプにすぎないもののように思われます。

グリム兄弟の「灰かぶり少女」

さてさきほどもお話しましたように、このヨーロッパ各地に伝わるシンデレラの民話には、いま知られているものだけでも、四五〇以上のもの異文が存在します。その中からとても印象的なものを一つ取り上げてみることにしましょう。グリム兄弟が一九世紀のはじめに採集をおこなった『グリム兄弟のドイツ民話集』に収められた「灰かぶり少女」のお話です。

グリム兄弟はドイツの民衆が伝えてきた民話を、できるだけそれが語られている現場で採集しようと努力しました。しかも、シャルル・ペローのように、じっさいに農民や猟師や漁師たちが語っていた民話を文学的にソフィスティケーションするのを、最小限にとどめようとしました。ですから、そこで記録された民話は、民衆がじっさいに語っていたものに非常に近いものとなりました。シャルル・ペローのものは一七世紀に記録されていますが、一九世紀のはじめに記録されたこのお話の方が、おそらくは原形に近い古さを持っているように感じられます。ではそれはどんなお話なのでしょう。

ダーウィン、チャールズ・ロバート (Charles Robert Darwin 1809-1882)
イギリスの博物学者。祖父に高名な進化思想家エラスムス・ダーウィンを持つ。エジンバラ大学で医学を志すが、転じてケンブリッジ大学で神学を学んだ。地質学、動物学に興味を持ち、博物学者として乗船したビーグル号での航海の途上に訪れたガラパゴス諸島で、生物進化の印象を強くした。自然界での激しい生存競争による自然淘汰によって新種が生まれるとする進化論を発表、進化論に科学的な側面をあたえた。『種の起源』は進化論上の古典である。

E

K O D A N S H A S E N S H O M E T I E R

講談社選書メチエ

Charles Darwin

ある裕福な男の妻が病気になってしまった。自分の最期が近いと思った妻は一人娘を枕元に呼んでこう言った。「神様を信じてよい子にしているのよ。そうすればやさしい神様がいつも一緒にいてお前を守って下さるだろうから。そして私も天国からお前を見ているからね。私はいつもお前のそばにいるよ」。そうして妻は目を閉じると亡くなってしまった。娘は来る日も来る日も母親の墓に出かけてはそこで涙を流し、神様に祈りよい子でいるよう努めた。冬になると墓の上が雪で真っ白になり、春がきて陽射《ひざ》しが雪を解かし去ってしまうと、夫の男の方は二度目の妻を迎えた。

新しい妻は自分の二人の娘を連れてやって来た。娘たちは顔はきれいで色白だったが、心は醜く腹黒かった。こうして継子《ままこ》にとっては辛い日々が始まった。「馬鹿なガチョウが私たちと一緒にこの居間に座るというの」と言ったり、「パンを食べたいのならその分を自分で稼ぐことね。台所女はさあ、出ておいき」と言い、娘の着ていたきれいな服を脱がせ、代わりに古いネズミ色の仕事着と木靴を履かせた。「誇り高きお姫様を見てご覧よ。あの娘が今着ているあの服と言ったらまあ！」。こう言って二人の娘たちは叫び声をあげ、笑いながら彼女を台所へ連れて行った。娘は台所で朝から晩まで辛い仕事をし、朝は夜明け前に起き出し、水を運び、火をつけ、煮炊きをし洗い物をした。それればかりか二人の姉達は娘にあらん限りの意地悪ないたずらをしかけたりあざけったりしたのだった。例えば灰の中に小さな豆を投げ込み、それを座って一つずつ拾い出す、というようなことをさせたのである。仕事に疲れ果てても娘にはベッドもなく、暖炉の側の灰の中にうずくまるしかなかった。そのためいつも煤《すす》けて汚いなりをしていたので娘は灰かぶりと呼ばれたのだった。

ある時たまたま娘の父親が市に出かけることになり、妻の連れてきた二人の娘たちにおみやげには何が欲しいかと尋ねた。「きれいな服がいいわ」と一人が言った。「真珠と宝石」ともう一人が言った。「さて、お前はどうだい、灰かぶり。何が欲しいか言ってごらん」。「お父様、帰り道でお父様の帽子に最初に触った小枝を折って私におみやげに持って帰って下さいな」。そこで父親はきれいな服や真珠、宝石を二人の義理の娘たちのために買い求めた。緑の深い小道を家に向けて馬を走らせているとヘーゼルの小枝が体に触れ、それにひっかかった帽子が落ちてしまった。父親はその小枝を手折り、ともに持ち帰った。家に着くと二人の娘たちには望みの品々を、そして灰かぶりには例のヘーゼルの小枝を与えた。彼女は父親に礼を言うと、小枝を持って自分の母親の墓に行き、そのそばに小枝を植えた。あんまり激しく泣いたので、彼女の涙が植えた小枝の差し水になってしまった。小枝はたちまち大きくなり、そして立派な木に育った。一日に三度少女はそこを訪れ、泣きながら祈った。その度に小さな白い鳥が木に止まった。彼女が自分の欲しいものを口にする度に小鳥は望みのものを彼女に放り投げてくれるのだった。

　さて、王子が花嫁を選ぶ時期になったので王様は三日にわたるパーティーを催《もよお》して、国中の美しい娘たちを招くことにし、そのお触れを出した。これを聞くと二人の姉達もまたそのパーティーに出かけようとうきうきし始め、灰かぶりを呼んでこう言った。「私たちの髪をといて！　軸も磨くのよ。それから靴の留め金も止めるの。私たちは王様の宮殿で開かれるパーティーに出かけるんだから」。灰かぶりは何も言わずに彼女らの言う通りにしたが、ひとり泣いていた。彼女だって舞踏会には行きたかったのだ。そこで継母に行かせてくれるよう頼んだ。「まあ、お前みたいな灰かぶりが。埃だらけで汚い格好をしているじゃないか。それに舞踏会に着て行くような服や靴は持ってないじゃないか」。しかし、あんまりしつこく娘が頼むので継母はついにこう言った。「さっき灰の中に小さな豆の入った皿をひっくり返してしまった。その豆を二時間のうちに全部拾い集めたら、お前も一緒に来ていいとしよう」。娘は勝手口から庭に出てこう叫んだ。「おとなしい家鳩よ、山鳩、そしてこの世の小鳥たちよ、みんな来て私を手伝ってちょうだい。灰の中から豆を拾い出すの。そうして、きれいな豆は壺に入れておくれ。よくない豆はお前たちにあげる」。

　すると家鳩が二羽台所の窓から飛び込んで来、続いて山鳩が、そしてこの世の全ての鳥とも思えるほどの小鳥が集まって来てかまどの灰の回りに止まった。まず家鳩が頭をぴょこぴょこ動かしながら豆を一つずつついばみ始めると他の鳥たちもそれに続き、せっせときれいな豆を皿に入れ始めた。すると一時間もたたないうちにすっかり片づいてしまい、小鳥たちはまた飛び去って行った。そこで娘は大喜びで皿を継母の所に持って行った。今度はパーティーに連れて行ってもらえると思ったからだ。しかし、継母はまたもや駄目だと言うのである。「灰かぶり、お前はきれいな服も持っていないし、それにダンスだってできないじゃないか。それで行こうものなら皆の笑いものになるだけさ」。娘が泣き出すと継母はこう言った。「もし一時間のうちに今度は二皿分の豆を灰の中から拾い出すことができれば一緒に来てもよいということにしよう」。こう言いながらも継母は「そんなことが娘にできるわけがない」と思っていたのだった。継母が二皿分の豆を灰の中に入れると娘は勝手口から裏庭に出てこう叫んだ。「おとなしい家鳩よ、山鳩、それにこの世のすべての小鳥たちよ、みんな来て私の豆拾いを手伝ってちょうだい」。

きれいな豆は壺に入れておくれ。
よくない豆はお前たちにあげる。

すると白い家鳩が二羽台所の窓から飛び込んで来、それに続いて山鳩や、そしてついにはこの世の鳥すべてと思えるほどの小鳥がやってきてかまどの灰の回りに止まった。まず家鳩が頭をぴょこぴょこ動かしながら豆を一つずつついばみ始めると他の鳥たちもそれに続き、せっせときれいな豆を皿に入れ始めた。すると半時間もたたないうちにたちまちすっかり片づいてしまい、小鳥たちは再び飛び去って行った。そこで娘は皿を継母の所に持って行った。今度こそはパーティーに連れて行ってもらえると思うととても嬉しかった。ところが継母は「だめだめ。お前は来ちゃだめさ。着物もないし、ダンスだってできないじゃないか。お前なんかを連れていると私たちが恥ずかしい思いをするよ」。こう言うと継母は娘に背を向けてしまい、自分の高慢ちきな二人の娘を連れて急いで出かけて行ってしまった。

神聖なヘーゼルの木と豆の両義性

長いお話ですので、まずここで一区切りとしましょう。ここまでにもたくさんの奇妙でおもしろいことが語られています。まず、ヘーゼルの小枝が出てきます。ヘーゼルは、ヘーゼルナッツをつけるあのヘーゼルです。このヘーゼルの木が墓地の上に植えられ、そこに大きな木が育ったと語られています。これはどういうメッセージなのでしょう。

「ヘーゼルの木」とはなんでしょう。ヘーゼルの木は、ヨーロッパがキリスト教化される以前にケルトと呼ばれる文明が栄えていた時代には、樫の木と並んで、最も神聖な木と考えられていました。死者の世界と生きている者の世界をつなぎ、地上と天上の世界を結ぶ木だと考えられていました。ヨーロッパのフォークロアの中で、ヘーゼルの木は、死者の世界と深いつながりをもった聖なる木だったことが、わかっています。

神話的思考はこのヘーゼルの木と豆を重ね合わせます。灰かぶりが、パーティーに出かけようとすると、母親がこれを阻止しようとして、その度に灰かぶりに難題を出します。その難題が豆に関わっていることに注目してください。灰のなかに捨てられた豆を拾い出さなくてはならないのですが、灰のなかに投げ込まれた豆を、鳥たちがついばんで取りだしてくれるのです。すでにお話した「豆の神話学」を思い出してください。豆は両義性を持つ植物です。豆は死者の世界と生者の世界を媒介する働きを持っていたのです。

カマドと灰と鳥＝総動員される仲介機能

さらにこの意地悪な母親は、豆をカマドの灰の中に捨てています。ここにもうひとつの仲介機能があらわれていることがわかります。豆、ヘーゼルの木、そしてカマドの灰はそれぞれのやり方で生者と死者を仲介する機能を持っていると考えられていたからです。

カマドは人類の生活の中で、とても大きな意味を担ってきました。カマドの火では料理がおこなわれます。火を使った料理をすることによって、人間はまわりの動物の世界から抜け出して、「文化」を持ったのですから、カマドの火を仲介にして、自然状態から文化への大転回がおこったことになります。このことがおこったのは、ホモサピエンス以前のことですから、カマドの火をめぐる伝承には、きわめて古い時代の記憶が保存されていることになるでしょう。

カマドの持つものごとを転換させる機能、反対物を仲介する機能は、その後さまざまな表現に展開されることになりました。まずカマドは、人間の住む家の中で、異界または他界との転換点になっています。地球上の多くの地域で、カマドの火の中から妖精や悪魔や悪霊の姿をした異界の存在が飛び出してくる神話や伝説がたくさん残されています。カマドは家の中で、生者の世界と死者の世界を仲介する場所と考えられていたらしいのです。そしてそもそもシンデレラ伝承群に共通する特徴として、主人公がカマドやその変形物の近くに追いやられている少女であるという問題も、じつはカマドのもつ生死の仲介機能から生まれた発想でした。

シンデレラ物語は現実の中では解決不能なさまざまな問題を、仲介機能を駆使して論理的に解決に導いていくという働きを持ったお話です。そのためシンデレラという少女は、そのための仲介機能を一身に集めたような存在として描かれています。そういう機能を身に帯びるためには、彼女はカマドの火と密接なつながりがなければなりません。人々が平等な未開社会では、主人公とカマドの火を結びつけるのは容易です。何らかのやり方で、直接火のそばに近づいていけばいいのですから。

ところが、ヨーロッパ民話が語られていたのは、もう階級差のある社会ですから、そういうカマドのある場所は社会的に劣ったとされる汚れ仕事のおこなわれる場所になっていました。民話は神話の語られていた時代の記憶につながれていますから、カマドの火に接近できるという「特権」を持っている存在を考えます。そしてそのとき、階級差のある社会で、社会的に劣ったとされる位置にある者だけが、古代に約束されていた仲介機能を果たすことができる、と考えるにいたるでしょう。そこで、「灰かぶりの少女」つまりシンデレラが造形されることになります。彼女はいろんな意味で社会的には恵まれない少女でしたが、神話的思考にとってはかえってそのことが、彼女に「特権」を与えることになりました。

いつもカマドのそばにいる者は、体中に灰をかぶります。だからけっして見栄《みば》えはよくない。見かけはけっして美しくありません。しかしその心の中には、神話の時代の純粋さが保存されています。仲介者の多くはこうして、内心は美しいのに、外見は灰だらけ、煤《すす》だらけで、身なりの汚い女の子として描かれることになります。ですから、皆さんはお化粧の上手なだけの、きれいな女の子にはご注意なさい。そういう子たちには仲介機能がありませんから、彼女たちとどんなすてきな恋をしても、世界の転換なんか起こらないかも知れません。民話が心の清らかな人のことを語るときには、内面で作動する神話的論理の機能のことが問題になっているのであって、偽善ぽい意識がそれを言わせているわけではありません。

さて、そういう灰の中にぶちまけられた豆を拾えと、灰かぶりは命じられます。しかし、そんなことはできっこありません。それができるのは、鳥たちだけでしょう。鳥は、燕の神話のときにもお話ししましたように、人間の生きている文化の世界と、森の自然の世界を仲介できる存在でした。森にいる鳥たちは人間の世界に近寄ってきませんが、家鳩や山鳩は人間の世界に近寄ってきます。

そのために、まず家鳩が呼ばれ、次に山鳩が呼ばれます。それからありとあらゆる鳥が呼びだされています。この順番には、意味があります。まず、家鳩が呼びだされるのは、いつも人間と森の世界を仲介しながら、人間の世界のごく近くにいるからです。次に山鳩が呼びだされます。山鳩は家鳩よりも臆病で、より森に近い鳥です。しかし人間が豆をやれば近づいてくることもあります。この二羽の鳥が呼びだされたことをきっかけとして、たくさんの種類の鳥が、森の中から人間の世界へ呼びだされてくるのです。

ですから、灰の中にぶちまけられた豆を鳥が拾うこのエピソードには、物語全体を通して実現しようとしている矛盾の仲介の解決が、事前に先取りされていることがわかります。生者と死者を仲介する豆が、現世と異界を仲介するカマドにぶちまけられ、その混沌状態を森と人間の社会を媒介する鳥が整頓してくれています。ありとあらゆる仲介的なものを動員して、民話はそれを実現しようとしています。

誰もいません。

宴会へ向かう

さて、続きを読みましょう。ふたりのお姉さんたちは継母と一緒に王宮に出かけてしまい、家には誰もいません。


誰も居なくなってしまうと、灰かぶりはヘーゼルの木の下の自分の母親の墓のもとに行きこう叫んだ。

「かわいい木よ、ぶるぶるっとお前の幹を揺さぶってごらん。

そうして私の回りに金銀を落しておくれ」

すると小鳥が飛んで来て彼女に向かって金糸銀糸でできたドレスと銀糸の刺繍のついた靴を落としてくれた。娘は急いでドレスを身につけパーティーへと向かった。金色に輝くドレスを身につけた娘はたいへん美しく、義理の姉達やら継母もまさかそれが灰かぶりだとはちっとも気づかず、きっとどこか外国からやって来た王女に違いないと思うばかりだった。灰かぶりは家の炉端で埃にまみれてせっせと灰の中から豆を拾い出しているものとしか思わなかったからである。


ヘーゼルの木が死者の世界とを仲介している様子があきらかです。ヘーゼルの根は、墓地をとおして深々と他界へとつながっています。そのためヘーゼルの木に呼びかけると、他界から母親の霊が答えてくれます。母親そのものではなく、ゴッドマザーが登場して、小動物を変身させてサンドリヨンのお供にするシャルル・ペロー版との決定的な違いがここに出てきます。ここではあっさりと、小鳥が飛んできて、彼女に向かって、金糸銀糸でできたドレスと銀糸の刺繍のついた靴を落としてくれま

す。

こうして灰かぶりは王宮のパーティー（宴会）へと出かけます。この宴会は聖なる結婚の前触れです。世界をつくりなすあらゆるものが、上と下とに分離したもの、反目しあっているもの、ぎくしゃくしているものなどが、調和を回復する幸福な結末を象徴する結婚を準備するものとして、この宴会は王国規模で開かれます。ですからこの宴会には、本来、その王国に所属するあらゆるものが参集しなければならないはずですが、封建社会ではあまりに身分の低いものは参加ができないという矛盾がおこります。灰かぶりはその欠陥を補修するために、美しく着飾って王宮へ出かけていく必要があります。彼女が仲介者となって、カマドの近くにいる最下層のものから異界の存在にいたるまで、王国の宇宙を構成するありとあらゆるものたちが、この結婚の前触れをなす宴会に（潜在的に）参加する機会を得たわけです。

王様の息子がやって来て彼女の手をとってダンスを踊ったが、他の娘達とは踊ろうとしなかった。王子は娘の手を放そうとせず、他の誰かがやって来て娘に踊りの相手をと申し込んでも、「だめだ。彼女は私の相手だ」とつっぱねるのだった。

娘は夜まで踊ると家に帰ろうとした。すると王子はこう言った。「私がお宅まで送りしましょう」王子はその美しい娘がどういう人物の娘なのかを知りたいと思ったからである。しかし娘は王子の手をするりとかわして鳩の小屋に飛び込んだ。

王子は娘が鳩小屋から出て来るのを待っていたが、やがて娘の父親がやって来ると、外国人みたいな娘が鳩小屋の中に入ってしまったと話した。

娘の父親は「灰かぶりだろうか、まさか」と思った。斧とつるはしを取って来て鳩小屋を壊してみたが中には誰もいなかった。娘の父親たちが家に帰ってみると灰かぶりは例の汚い服を着て灰まみれでうずくまっており、炉端にはぼんやりとランプの明りがともっていた。実は灰かぶりは鳩小屋の裏手から飛び出すと一目散にへーゼルの木のもとまで駆けて行き、そこできれいな服を脱いだのである。

服を母親の墓の上に置くと小鳥たちがやってきてそれを持ち去った。そうして娘はいつもの灰色のスモックを着て台所の灰の中にうずくまっていたのである。


王宮の鳩小屋が出てきて、みなさんはもう「ああ、ここでまた仲介する機能が活躍しているな」と理解されたことでしょう。鳩小屋は家の中のカマドと同じように、転換の起こる場所です。またここにはお父さんの存在の「あいまいさ」がよく出ています。お父さんは灰かぶりに良いお母さんと邪悪なお母さんと両方をもたらした両義的な存在です。だから灰かぶりに対する態度も、どっちつかずであいまいです。この話は全体として女性の価値を中心にして語られていますから（そのことがまたこの話の古い来歴を語っていると思われます）、お父さんも王子もちょっと薄っぺらな存在に描かれることになったようです。

しつこい繰り返し

ここで反復が開始されます。

翌日も続いてパーティーが開かれ、娘の親達と義理の姉達は共に出かけていった。灰かぶりは再びヘーゼルの木のもとに行き、こうつぶやいた。

「かわいい木よ、ぶるぶるっとお前の幹を揺さぶってごらん。

そうして私の回りに金銀を落しておくれ」

すると小鳥が飛んで来て前の日よりももっと美しい服を娘にくれた。

娘がこの服を着てパーティーに現われると人々はあまりの美しさにあっけにとられてしまった。彼女が来るのを待ち望んでいた王子はすぐさま手を取り、彼女とばかり踊るのだった。他の誰かがやって来て娘に踊りの相手をと申し込んでも、王子は「だめだ。彼女は私の相手だ」とつっぱねるのだった。夕方になり彼女が帰宅しようとすると王子は娘がどの家に入るのかを突き止めようと後をつけてきた。しかし、娘は駆け出して王子をうまくまき、家の裏庭へとかけ込んだ。そこには立派な高い木が立っていて、大きな梨の実をたくさんつけていた。娘はまるでリスのようにするすると梨の木に登ってしまったので王子は彼女がどこに行ったかわからなくなってしまった。


ここには梨の木が登場しています。最初は鳩小屋の中に飛び込んでいますが、今度は梨の木をリスのように駆け登ると転換が起こるのです。

王子が木の下で待っていると娘の父親がやって来た。王子は「不思議な娘が私の手をすり抜けてどうやらこの梨の木に登ってしまったらしい」と言った。父親は「灰かぶりだろうか、まさか」と思ったが、斧を取らせて梨の木を切り倒してみた。しかし誰もいなかった。台所に入ってみると灰かぶりはいつものように灰にまみれて座っていた。実は娘は梨の木の反対側に降りるときれいな服はヘーゼルの木の小鳥に返し、元の灰色のスモックにすばやく着替えたのだった。

三日目も同じことが起こります。これが民話の特徴です。民話は大衆音楽と同じように単調な反復を好みます。メッセージを強めようというわけです。こうして三日目もパーティーに出かけていきますと、こうです。

三日目も、親達が二人の姉達を連れて出かけて行くと灰かぶりは自分の母親の墓のもとに行き、木にこう頼んだ。

「かわいい木よ、ぶるぶるっとお前の幹を揺さぶってごらん。そうして私の回りに金銀を落しておくれ」

するとあの小鳥が前よりさらに素晴らしく、これまで誰も着たことのないほどまばゆいばかりのドレスと純金でできた靴をくれた。このドレスを身につけてパーティーの席にやって来ると、皆あまりの驚きに声も出なかった。王子は娘とだけ踊り、他の誰かがやって来て娘に踊りの相手をと申し込んでも「いやいや、彼女は私の相手だからだめだ」とつっぱねるのだった。

残酷な結末

これから話は一気に結末に向かいます。

夜になると灰かぶりは家に帰りたいと思った。王子は娘を家まで送って行きたいと思ったが、娘があんまりすばやく王子の手を逃れたので見失ってしまった。しかし王子はちょっとした細工をしておいたのだった。というのは階段に松やにをつけておいたのである。だから娘が階段を駆け降りたとき娘の左側の靴がくっついてしまった。王子がその靴を手に取り上げてみると、それは小さくて瀟洒《しょうしゃ》な作りでおまけに純金でできていた。翌朝王子はその靴を持って家来のところに行きこう言った。「私の妻になるのはこの靴にぴったり合う足を持った娘しかいない」。これを聞いて二人の姉達は大喜びした。というのも二人は足が自慢だったからである。姉の方が靴を持って自分の部屋に行き履いてみようとした。母親も付き添って側に立っていたが、足先が大きすぎて入らなかった。靴が小さすぎたのである。すると母親は娘にナイフを手渡してこう言った。「足の指なんか切ってしまい。お妃《きさき》になれば歩かなくたっていいのだもの」姉は指を切ってしまうと足を靴に押し込んだ。そして痛みをこらえながら王子のいる場に出て行った。王子は娘を自分の馬に乗せると共に出発した。ところが二人が墓の側を通り過ぎようとするとヘーゼルの木に止まった二羽の鳩がこう叫んだ。

見てごらん、見てごらん！
お靴の中は血だらけさ！
お靴が小さすぎるのさ！
ほんとの花嫁はまだおうち！

そこで王子が娘の足元を見ると血がにじみ出ているのが目に入った。王子は馬を返して偽物の花嫁を娘の家に連れて戻りこの娘は本当の花嫁ではないと言うと、もう一人の娘に靴を履かせてみるように言った。そこでもう一方の娘が自分の部屋で靴を履いてみた。ところが足先はなんとかうまく入ったが、今度は踵《かかと》が大きすぎた。すると母親がナイフを手渡してこう言った。「踵をちょっぴり切りとればいいさ。お妃になれば歩かなくたってすむのだもの」。娘は踵を少し切り落とし足を靴に押し込んだ。そうして痛みをぐっとこらえながら王子のもとに歩みでた。王子は娘を花嫁として自分の馬に乗せて出発した。二人がヘーゼルの木を通り過ぎようとすると、例の二羽の鳩が木に止まってこう叫んだ。

見てごらん、見てごらん！

お靴の中は血だらけさ！

お靴が小さすぎるのさ！

ほんとの花嫁はまだおうち！

王子が娘の足元に目をやると靴から血がにじみ出ているのが見えた。娘の白いストッキングが真っ赤に染まっているのである。そこで王子は馬を返し、偽の花嫁を家に連れ帰って言った。「この娘も本当の花嫁ではなかった。他には娘はいないのか」「おりません。前妻の忘れ形見で灰まみれの困りものがいるにはいますが、そんな者がその花嫁とはとうてい思えません」と父親の男は言う。

王子は男にその娘を連れて来るよう言ったが母親の方が答えて、「いいえ、とんでもございません。あれは埃まみれの娘でお目にかけるべきものではございません」。けれども王子があんまり強く言うのでとうとう灰かぶりを呼ぶことになった。娘は顔と手をよく洗うと出て行って王子の前で恭しく深いお辞儀をした。王子は娘に例の靴を手渡した。娘が丸椅子の上に座り、重い木靴から足を抜いて渡された靴に滑り込ませると、なんと見事にぴったりだった。立ち上がった娘の顔をよく見ると、王子はそれが自分とダンスを踊ったあの美しい娘だということがわかった。「あれが本物の花嫁だ！」。王子は叫んだ。継母と二人の姉は驚き、いまいましさに真っ青になった。王子は灰かぶりを自分の馬に乗せると立ち去って行った。二人がヘーゼルの木の側を通りかかると白い鳩がこう叫んだ。

見てごらん、見てごらん！

お靴に血なんか出てないよ！

お靴のサイズもぴったりよ！

連れているのは本当の花嫁。

こう歌うと二羽の鳩は飛んで来て、灰かぶりの肩に止まった。一羽は右肩にそしてもう一羽は左肩に止まりそのまま乗って行った。王子との結婚を祝う式が催されると二人の義理の姉達が取り入るためにやって来た。灰かぶりの幸運のおこぼれにあずかろうと思ってのことだった。結婚する二人が教会へ向かうとき上の姉は右側を、下の姉は左側を歩いた。すると鳩が姉達の目をそれぞれ一つついばんだ。二人が教会から出てきた時も、姉は左、妹は右を歩いていたが、今度も鳩が二人の残ったもう一方の目をついばんだ。こういうふうに、二人の姉達は自分達の邪な心と策略のために罰を受け、盲しいたまま一生を送ることになったのである。

（A・ダンダス編『シンデレラ』池上嘉彦・山崎和恕・三宮郁子訳、紀伊國屋書店より）

仲介者のパレードとしてのシンデレラ物語

これがグリム童話集に収められたシンデレラ物語です。この物語は、足の指や踵を切り落とすというような、残酷な側面をもっています。シャルル・ペローの結末では、あのお姉さんたちも、ふたりの貴族に娶《めと》らせていますが、このグリム童話では、鳩がふたりの眼をつぶし、不幸のどん底におとしいれています。民話の機能を考えてみますと、このグリム童話の方がはるかに神話的な古層に触れています。そのことを理解するためには、シャルル・ペロー版とグリム童話版を詳しく分析して対照してみる必要があります。

ペロー版とグリム版を対照させている表をよく見ていきましょう。冒頭の状況とお話の結末は、どちらの場合も同一です。主人公が社会的に大変低い地位にいて、愛情も富もないひどい欠損状況にい

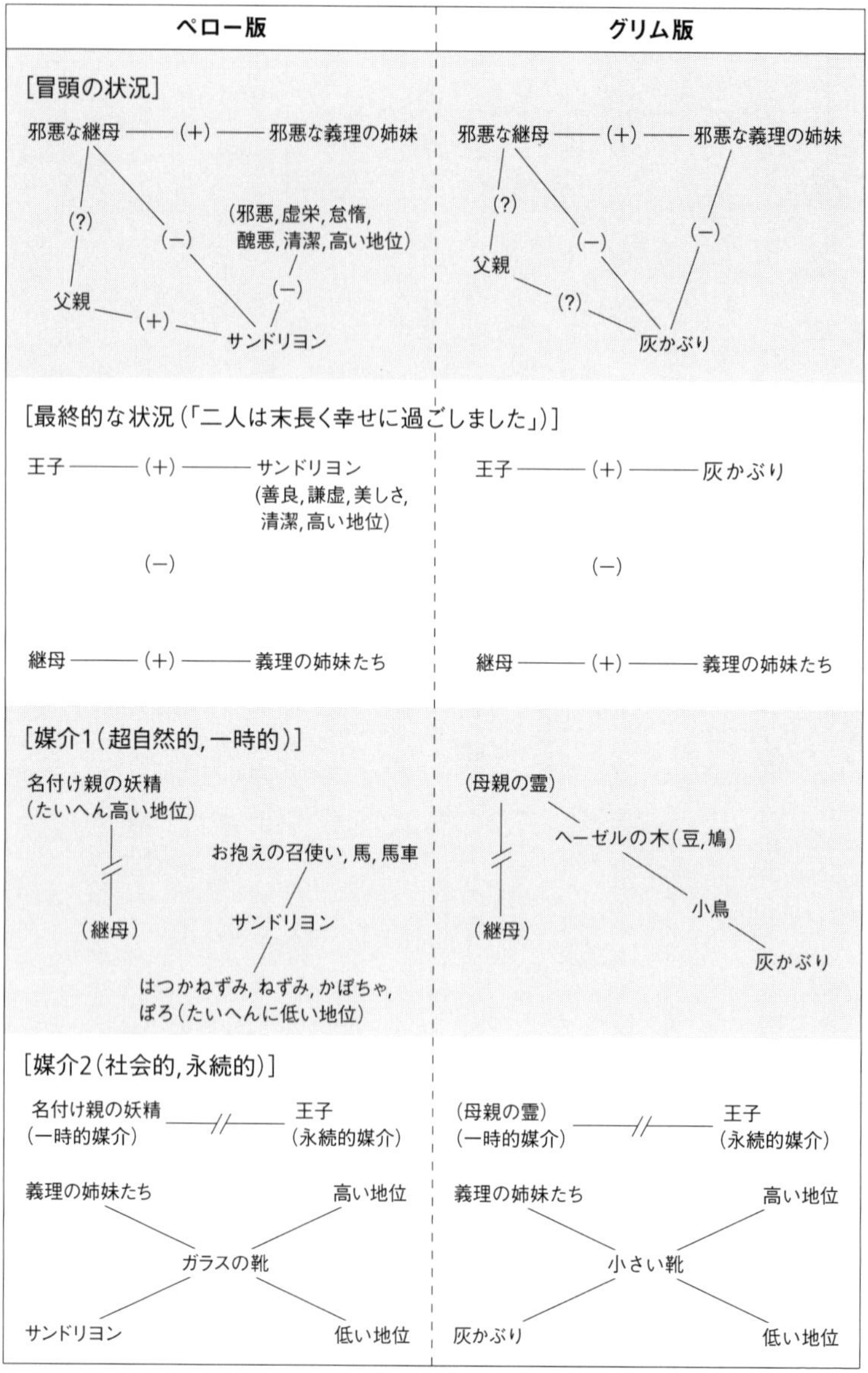

2つの物語の構造分析
(デイヴィッド・ベイス「形態学を超えて──レヴィ=ストロースと民話の分析」、
A・ダンダス編『シンデレラ』所収を参照)

ます。そして最後はめでたし、めでたし、です。「ふたりは末永く幸せに過ごしましたとさ」。でも結末に違いがあるとしたら、ペロー版では、継母と義理の姉妹たちにはそれほど不幸はもたらされていませんが、グリム童話では、なかなか残酷な結末がもたらされています。

違いは仲介機能の働き方です。ペロー版とグリム版におけるさまざまな仲介者の機能を整理した、右の図を見てください。

ペロー版に較べますと、グリム版の方が神話的思考の作法に忠実だという印象を受けるでしょう。シンデレラ物語は総力をあげて、欠落していた仲介機能をいたるところで発見して、宇宙に全体の調和を取り戻そうとしています。そのためにつぎつぎと仲介機能を持ったものたちが登場し、パレードをおこなっていくのです。主人公たちの行動ですら、そのための理由づけに引き起こされているのではないか、と感じられるほどです。グリムの灰かぶりは、お父さんが市場に出かける時に、「最初に帽子に触れた木の枝をとってきてください」とお願いします。それがみちびきの糸になって、ヘーゼルの小枝が手に入りますが、その枝は死者の世界と灰かぶりを結ぶ仲介者となって、灰かぶりと母親の霊とのあいだはつながりができたことになります。

灰かぶり、小鳥、豆、鳩、ヘーゼルの木、母親の霊、こういう一連の媒介があります。これらはいずれも生と死の仲介の働きをするものとして、物語の中で機能しています。継母が灰の中に豆をぶちまけるという理不尽な行為も、こうしてみると意味が出てきます。みんな仲介者をうまく話の中に位置付けるために仕組まれているのです。こうして仲介者をつぎつぎにパレードさせながら、グリム版の物語は、それらの仲介者のあいだに一種の連続性をつくりだそうとしているように思えます。世界を仲介者で連続的に埋め尽くしてしまいたいという願望を感じるのです。

ペロー版では、これがうまくできていませんから、仲介はいわば非連続的におきます。鼠やかぼちゃやとかげを魔法の杖の一振りで、馬車にいきなり変えてしまうそのやり方が、そこでは採られます。いきなり変えてしまうというこのやり方は、実は神話の思考としては、あまり上等なやり方ではありません。神話は仲介項のあいだに連続性をつくりだすことで、論理を完璧なものにしようという努力をします。ところがペロー版の読者のような近代人には、ヘーゼルの木や灰の中にまかれる豆や小鳥たちの生態学的序列などのあいだに存在している移行関係が、実感的に理解できなくなってしまったようです。そこで、一気に事を片付けるために「魔法」という便利な方法が登場してくることになりますが、このような「魔法」は科学者の言う意味でも神話的思考の意味でも、論理の破綻を補うだけの、負の効果しか持ちえません。ですからグリム童話の方がはるかに神話的思考に忠実で、原シンデレラの形態に近いということが言えそうです。

「ふたりは末永く幸せに暮らしましたとさ」

さてハッピーエンドはなんと言っても結婚です。灰かぶりはめでたく王子様と結婚するのです。これこそ仲介者中の仲介と言えるでしょう。それにはおまけもついています。結婚には離婚ということがつきまといますから、不安定な側面があります。ところが、民話で、「ふたりは末永く幸せに暮らしましたとさ」と念を押すのです。これは、物語の途中に登場するさまざまな仲介者たち、たとえばヘーゼルの木も、小鳥たちの心理も不安定で、彼らのつくりだす超自然的な仲介機能は一時的なものにすぎないけれど、結婚がつくりだしたこの社会的な仲介は永続する、と宣言しているのと同じです。

けれどもこれは民話でのお話です。神話ではめったにこういう結論にはおさまりません。多くの場合仲介は永続しないのです。むしろ永続するのは、破綻した状態のほうであって、そういう場合の神話では悲劇的な破綻に見舞われた主人公たちは、空の星となります。星となって永続しつづけるのです。ところが民話は「幸福な結婚」で論理を停止させようとします。なにか恐ろしい真実が、そこには隠されているような気がします。

第五章

中国のシンデレラ

ポルトガル民話版のシンデレラ

シンデレラの話がまだ続きます。私たちはどうして、二つの違う話を「似ている」と感じたりするのでしょうか。例えばシャルル・ペロー版のシンデレラとグリム版のそれを続けて読みますと、ふたつが似ているどころか、同じメッセージを伝えようとしていることまで感じとります。それぞれが互いに変形の関係にあると感じるし、じっさいに分析してみると、直感は正しかったことがわかります。

似ていることを直感する知覚や認識のプロセスは、とても複雑にできていて、簡単には解き明かしにくいものですが、これが神話の場合には大変に敏感に働きます。私たちは「似ている話」というのを、即座に見分けることができるのです。これはきっと、神話の中で感覚的なものと知的なものがうまく結合しあっているために、全体の相似と細部の相違を的確に直感できるのだと思います。ヨーロッパで伝承されているシンデレラ物語にはいろいろなタイプがありますが、ここで紹介するポルトガル版「カマド猫」の話には新しい変形の要素が登場し、それが私たちの探求をアジアに近づけていくことになります。ポルトガル民話集に、こんな話が記録されています。

——

妻を失った男がいて、彼には三人の娘があった。長女と次女はいつも美しく着飾っていたが、末娘は「私は台所仕事がすきよ」といって、いつもカマドのそばで仕事をしていた。

そこで二人の姉は、末の妹を嘲《あざけ》って「カマド猫」と呼んでいた。ある日父親が一匹の魚を得て、これを末娘に料理するように命じた。ところがこの魚はとても美しい黄色の姿をしていたので、末娘は気に入って、父親にお願いして自分の部屋の水槽に放って、かわいがっていた。

夜になると、魚が末娘に向かってことばを語りかけた。自分を井戸に放ってほしいと言うのだ。そこで願いを聞き入れて井戸に放ってやった。翌日、末娘が魚を見ようと井戸に近づくと、魚が「娘さん、井戸に入っておいで」と言う。娘は怖くなって走り逃げてしまった。

次の日のこと、宴会があって二人の上の姉たちは出かけてしまったが、末娘が井戸に近づいていくと、また魚が「娘さん、井戸に入っておいで」と繰り返すのだった。そこでとうとう彼女は水の中に入っていった。魚は末娘の手を取って、黄金でできた宮殿へと誘い、そこで彼女をこよなく美しい服で装い、一対の金の靴をはかせて、これもまた美しい馬車に乗せて、彼女を宴会へと赴かせたのだった。

そのときこういう忠告を与えた。「かならず二人の姉よりも先に宴会を失礼して、ここへ来て、服や飾りを脱ぐように」。

着飾った末娘が宴会に出かけていくと、満場の人で彼女の美しさに驚かない人はいなかった。宴会が終わり急いで帰ろうとするときに、誤って片方の靴を落としてしまい、それが王に拾われてしまった。彼女の美しさに夢中だった王は、国中にお触れを出して、この靴の持ち主と結婚しようと言った。末娘は家に急ぎ戻り、井戸の中の宮殿に行って、衣服を脱ぎ捨てたが、そのとき例の魚が現れて、質問したいことがあれば今夜またやってきなさい、と告げた。

二人の姉が戻ってきたが、末娘がいつものように台所仕事に忙しそうにしているのを見て「今夜の宴会に謎の美女があらわれて、金の靴を落としていき、王様はその持ち主を見つけて結婚しようとおっしゃっているわ、だから私たちもこれから王宮に行って、ためしに靴を履いてみようと思うの、二人もいればどちらかの足には合うはず、そうしたらお后様になれるのよ、そのときにはカマド猫にもきれいな新しい服を作ってあげるわね」と笑いながら話をした。二人の姉が出かけていくのを確かめてから、末娘は井戸にやってきた。すると魚があらわれて「おまえは私の妻になるのだ」と強くプロポーズした。

そこで末娘は「いいわ、あなたと結婚するわ」と返事した。

するとたちまち魚は姿を変えて、美しい若い男となった。

その男はこう語った。「私はこの国の王の息子でしたが、魔術をかけられてこの井戸の中で長いこと生きていなければなりませんでした」。

「私は今日、お前が靴を脱ぎ落として、それを拾った王がその持ち主と結婚するというお触れをだしていることを知りました。お前はこれからすぐに王宮に出かけて、私はすでに王のご子息と結婚の約束をしていると告げなさい」と語った。

井戸を出て家にかえってみると、二人の姉が王宮から戻っていて、どうやっても二人の足は靴には入らなかったと嘆いていた。

末娘が「私も行って試してみるわ」と言うと、姉たちは「お前なんかに靴が合うわけがないじゃないか」と嘲った。そこで末娘は王宮に出かけていき、靴を試して見ると、ぴったりと合った。王は喜んで「お前は私の后になるのだ」と言ったが、娘は「王様、申し訳ございませんが、その儀は謹んでお断りいたします。というのも私は王様のご子息とすでに結婚の約束をしているからです」と答えた。王はこれを聞いて驚喜した。たくさんの人を使わして、井戸から王子を迎え、カマド猫娘と結婚させた。これを知った二人の姉たちはさんざんカマド猫の悪口を言ったものだから、かえって罰せられてしまった。王子はその後王となり、カマド猫が皇后となった。


（ペドロソ『ポルトガル民話集』）

ポルトガル版シンデレラを構成しているさまざまな仲介機能を、図にして示してみましょう。

この版でいちばん重要なのは、水界が登場することです。水界からあらわれた魚は、カマド猫の社会的上昇（王族との結婚）を実現する超自然的仲介者であるとともに、「魔法」の力で魚に姿を変えられていた王子でもあったというわけで、カマド猫という名のシンデレラがこの魚との結婚を承諾することによって、王子もまた人間の姿を取り戻し、王宮への帰還を果たします。つまりこの話では、水界を通して二重の転換がおこなわれていることになります。

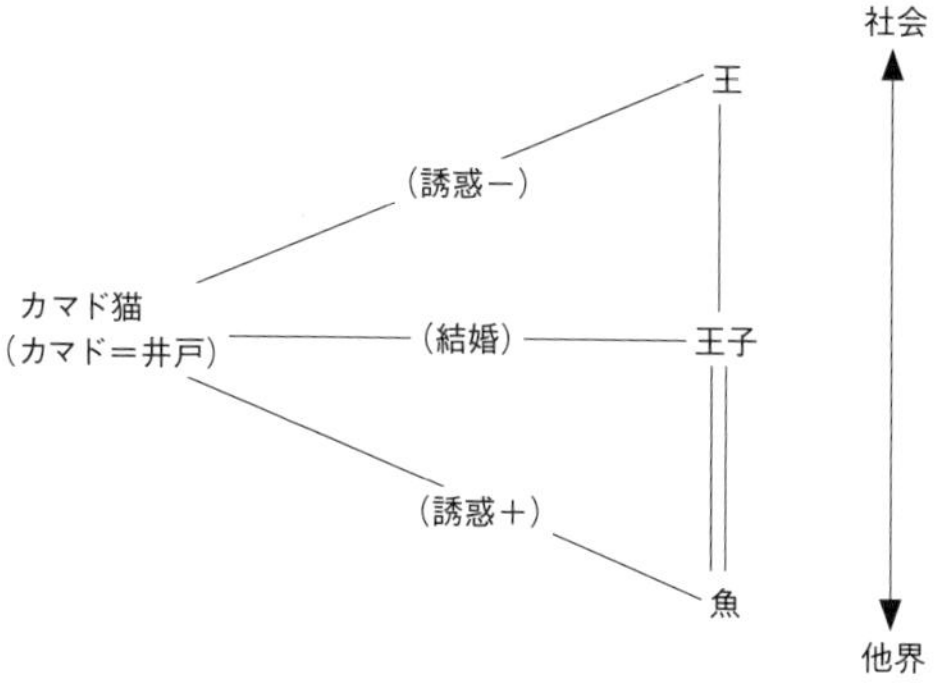

カマド猫の仲介機能

族外婚と族内婚

このポルトガル民話が興味深いのは、ほかのところではヘーゼルの木や鳥などのおこなう仲介によって転換がおこっていたのに、ここでは直接的にこの少女が水の中に入ってしまい、そこで魚との結婚をおこなっていることです。

水界での結婚とはどういう意味を持っているのでしょう。水の世界に主人公が入っていって結婚する話は、神話の中にたくさん出てきます。あの浦島太郎の話などもそのひとつです。浦島太郎は亀に仲介されて、海底の王宮に行き、そこで供応を受けています。この話のもとになっている山彦神話では、水界へ行った山彦がそこで海神の娘と結婚をしていますから、浦島太

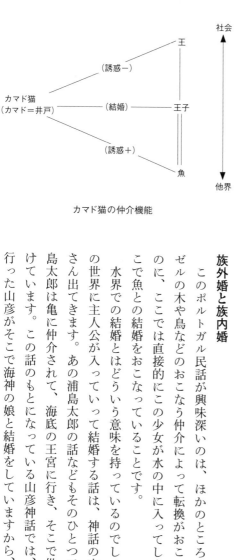

郎の竜宮城滞在も結婚の一種と考えていいかも知れません。

日本の縄文土器の器面に描かれた図像を見てみますと、水界の動物に関わる主題が大変に多いのに、深い印象を受けます。これは世界的な現象らしく、新石器時代に入って人類は水の世界に神話的な重要性を発見したらしいのです（こういう現象は、同じホモサピエンスの旧石器文化にはおこっていないように思えます。そこでは熊や鹿やトナカイは登場しても、水界生物、しかも想像された水界生物の登場はほとんどありません）。そのため今日伝えられている新石器的特徴を持つ神話では、水界の主題が大きな位置を占めるようになっています。

これは日本の民俗学者の折口信夫《おりくちしのぶ》がいちばん問題にしていたことです。折口先生はそこに「族外婚 exogamy」の問題が反映されている、と考えたのです。族外婚とは、自分の部族の異性とではない異族の女性との結婚を言います。「exo」は exotic《エグゾティック》 のように、「遠くの、自分とは違う」という意味があります。これに対して、同族の異性と結婚するのを「族内婚 endogamy」と言います。「endo」とは「中の、内側の」という意味です。

神話的思考では、この「族外婚」と「族内婚」の対立がきわめて重要な意味を持っています。これは配偶者や性のパートナーをどのくらいの距離にいる相手に見つけるか、という問題にかかっていま す。そういう相手を極端に近いところにみいだすものはインセスト（近親相姦）です。つまり、自分の妹姉との結婚、母親と息子との結婚、または親父と娘との結婚ですが、これは「族内婚」のいちばんの極端な場合で、これ以上近づきようがない極端な結婚の形態です。神話の中ではよくこういう結婚が話題になっています。この場合神話は、距離の近さということに、深い関心をしめしているのです。

それとは反対に「族外婚」は、とにかく自分の住んでいる社会の外の、遠くにある相手と結婚することを意味しました。これはインセストの逆です。この際、人間の世界から遠い世界にいる人々が、結婚の対象としてイメージされます。人間は陸地に住む生き物ですから、水の世界に住む生き物がそういうイメージの対象としては最適です。水界に住む異性との結婚は、こうして「族外婚」の極端な形態として、神話にはたびたび登場することになります。

コミュニケーションの獲得

シンデレラ物語の究極的な目的は、もともとはいっしょだったのに不平等ができたり、たがいに分離されて仲介を失ってしまっていたもののあいだに、もう一度仲介された状態をつくりだすことにありました。それが「ハッピーエンド」ということの本当の意味です。あらゆる仲介者のイメージを総動員して、ハッピーエンドの結末をつくりだすこと。どうしてシンデレラ物語がこれほど普遍的に愛されてきたのか、その理由はシンデレラ物語が徹頭徹尾そのことだけを目的にしてつくられたものとして、神話的思考にとっての幸福論を、あからさまにしめしてみせているからなのでしょう。

ハッピーエンドが意味を持つためには、仲介が欠如している状態が、冒頭に出てこなければなりません。つまり世界が仲介を欠いて、コミュニケーションが起こりにくくなっている状態、またはコミュニケーションが途絶している状態があらわれていなければなりません。ポルトガル版シンデレラ物語では、王様と王子様のあいだのコミュニケーションが途絶しています。王子が「魔法」の力によって、魚(別の話では白鳥)に姿を変えてしまったために、たとえ同じ時空にいても、王様と王子のあいだにはコミュニケーションがなくなって、おたがいが見えなくなってしまうのです。

同じように、主人公の家族内でも仲介が欠如しています。末娘はとてもつらい立場に置かれています。というのも、家族の中で彼女は社会的なコミュニケーションを途絶された状態にあるからです。そこで彼女はいつもカマドのそばにいて、動物や魚と交流するようになります。人間とはコミュニケーションができないのに、あるいはそのことを代償にして、彼女は自然と超自然の領域とだけ、コミュニケーションできます。しかしこの状態は、世界全体にとってはまだ不均衡をしめしています。そこに社会的コミュニケーションという重要な交通路が開かれていないからです。自然=超自然とだけつながっていたカマド猫というシンデレラが、人間の世界の王子様とめでたく結ばれることによってはじめて、求められていた社会的コミュニケーションが実現されます。

ポルトガル版シンデレラのおもしろいところは、カマド猫が水界の存在である黄色い魚と結婚するところにあります。黄色い魚は井戸の奥底に住んでいますが、そこは水界への入り口で、彼女はそこに住む黄色い魚と結婚することで、「族外婚」を実現したことになります。この形態は「族外婚」の中でも極端なケースをあらわしていますから、死者や異界の存在と結婚したと言っても間違いありません。

カマド猫の勇気ある行為によって、人間の世界の外とのあいだに、まずコミュニケーションの通路ができたのです。するとつぎつぎにいままで閉ざされていた通路が開き、王様は失っていた王子を取り戻し、王様とカマド猫のあいだに予定されていた結婚（通常のシンデレラ物語のパターンでは、この結婚だけで十分なのですが）が持つ（年齢的な）不均衡は正されて、王子とカマド猫の結婚がおこります。

すると、このポルトガル版シンデレラでは、死者や異界のものたちとのコミュニケーションの回路を開くことの重要性が語られていることがわかります。私たちはあとで「シンデレラ」の人類的分布の謎に接近していこうと思いますが、そのときになれば、たったいまわかった死者や異界とのコミュニケーションの問題こそが、この物語の気の遠くなるほど古い来歴をしめしていたことが、わかるでしょう。

私たちの世界で、いちばん仲介するのが困難なのは、死者とのあいだに通路を開くことでしょう。死者は生者には答えないし、私たちも死者の世界に入ったら戻ってきません。オルフェウス神話をはじめ、神話が最大の課題に据えてきたのが、死の領域とのあいだのコミュニケーション途絶のアポリアなのです。水界の領域の登場が、私たちをシンデレラ物語の最古層へと、誘おうとしています。

南方熊楠の大発見

このポルトガルの民話を手がかりに、私たちはアジア世界に立ち戻っていくことになります。いままでのところ発見されている世界最古のシンデレラ物語は、九世紀の中国で記録されたものです。その事実を発見したのは、明治時代の大博物学者・南方熊楠でした。南方熊楠はこれを、九世紀に書かれた「支那書」の中にみいだしました。当時、ヨーロッパの学者の誰も、シンデレラの話が東洋に伝わっているなどとは思っていませんでしたので、これはまぎれもない人類学上の大発見だったのですが、当時のヨーロッパの学者は日本に学問があるとは思っていませんでしたから、南方熊楠の発見をさほど評価しませんでした。それがちゃんと評価されるまで、ずいぶん時間がかかっています。

つぎが南方熊楠の『西暦九世紀の支那書に乗せたるシンダレラ物語』（一九一一年）の原文です。原文は明治時代の文章ですから難しいですけれども、読んでみましょう。

さて予二十三年前在米の間、『酉陽雑俎《ようようざっそ》』続集巻一に、支那のシンダレラ物語あるを見出し、備忘録に記しおき、その後土宜法竜《どぎほうりゅう》師などに報ぜしことあり。英国の里俗学会、かつて広く諸国に存するシンダレラ物語の諸種を集め、出版せし一冊あり。予在外中、好機会多かりしも、多事なりしため、ついにこれを閲せざりしぞ遺憾なる。近日ロンドンの学友を頼み、右の書に支那のシンダレラ譚ありやと調べもらいたるに、全くなしとの返事なり。しかし、その人かかることに趣味を持たざれば、実際は知れず。とにかく、自分せっかく久しく取っておきの物を、そのまま埋め去ることの惜しまるれば、ここにその文を載す。たとい、すでに学者間に知悉《ちしつ》されしことなりとも、この物語を、欧州特有の物と思いおる人々の、耳目を広むるの少益ありなんか。

内容をすこし説明していきましょう。冒頭では「私は英国フォークロア学会が出した『諸国シンデレラ物語』というアンソロジーのあることは知っていたけれども、忙しくて読めなかった。これはまったく残念なことだった。その本の内容を知らないまま、私は中国の古い伝承のなかにシンデレラ物語を見つけた。でもひょっとしたらその本にすでに書いてあるといけないと思い、友人に頼んで調べてもらったが、その本のなかには、支那のシンデレラ物語についてはまったく話がない、という返事をもらった」というようなことが書かれています。

物語はこうです

続いて『酉陽雑俎』の原文がはじまります。この本を書いたのは段成式という山東出身の人で、唐の時代の末期に嶺南の役人に赴任していました。この人の使用人が李士元という人物で、南中国の不思議な話をたくさん記憶していたのだそうです。李士元の出身地は「邕洲洞中」とされています。

ここで「洞」と呼ばれているのが、現代の中国の少数民族「荘族」の居住地にあたることがわかっています。その後荘族の居住地はあまり変化していないようですから、李士元の語ったそのシンデレラ物語が、荘族の伝承であったという可能性はとても高いと思います（君島久子「荘族のシンデレラとその周辺——重葬との関わりについて」『芸文研究』一九八九）。いずれにしても、この話が漢族の伝承ではないというところが大切です。南中国の少数民族と日本人とは、時代が古くなればなるほど、深い関係を持ってくることがわかっていますからね。

さて、物語はこうです。南方熊楠の原文によりましょう。

秦・漢の前に洞主の呉氏あり。土人、呼んで呉洞となす。両妻を娶る。一妻卒し、女《むすめ》あり、葉限と名づく。少《おさ》なきより恵《さと》く、よく金を鉤《と》る。父これを愛す。末歳に父卒し、後母《ままはは》の苦しむるところとなる。常に険《けわ》しきに樵《きこり》し、深きに汲ましむ。時に、かつて一の鱗《さかな》を得たり。二寸余にして、頳《あか》き鬐《ひれ》、金の目なり。ついにひそかに盆水に養う。日々に長じ、数器も易《か》うるも、大きくして受くるあたわず。すなわち、うしろの池の中に投ず。女《むすめ》は、得るところの余食あれば、すなわち沈めてもってこれに食らわす。女の池に至れば、魚は必ず首を露《あら》わし、岸に枕す。他人至らば、また出でず。その母、これを知って、つねにこれを伺うも、魚いまだかつて見われず。よって女を詐《いつわ》っていわく、なんじ労するなからんや、われ、なんじがためにその襦《うわぎ》を新たにせん、と。すなわち、その弊《やぶ》れし衣を易《か》え、のち他の泉に汲ましむ。里を計れば数百なり。母は徐《おもむ》ろにその女の衣をつけ、利《と》き刃《やいば》を袖にし、行きて池に向かい魚を呼ぶ。魚すなわち首を出だす。よってこれを斫《き》り殺す。魚すでに長さ丈余、その肉を膳《くら》うに味は常の魚に倍す。その骨を鬱棲《つみごえ》の下に蔵《かく》す。日を逾《こ》えて女至り、池に向かえどもまた魚を見ず。すなわち野に哭す。たちまち人あり、被髪《ひはつ》、粗衣にして、天より降って女を慰めていわく、なんじ哭すなかれ、なんじの母はなんじの魚を殺せり、骨は糞の下にあり。なんじは帰りて、魚の骨を取って室に蔵すべし、須《もと》むるところ、ただこれに祈れば、まさになんじに随うべし、と。女、その言を用い、金璣《きんき》衣食、欲するに随って具《そな》わる。洞の節《さいじつ》に及び、母は往きて、女をして庭の果を守らしむ。女は母の行くこと遠きを伺い、また往く。翠紡の上衣をつけ、金の履《くつ》を躡《は》く。母の生みしところの女これを認め、母に謂《い》いていわく、これはなはだ姉に似たり、と。母もまたこれを疑う。女覚《さと》りてにわかに反《かえ》り、ついに一隻《ひとつ》の履を遺《のこ》し、洞人の得るところとなる。母は帰って、ただ女の庭樹を抱いて眠れるを見てまたこれを慮《おもんばか》らず。その洞は海島に隣りす。島中に国あり、陀汗《だかん》と名づく。兵強くして、数十の島、水界数千里に王たり。洞人ついにその履を陀汗国に貨《う》る。国主これを得て、その左右に命じて、これを躡《は》かしむ。足の小なる者躡けば一寸を減ず。すなわち一国の婦人をしてこれを躡かしむるに、ついに一として称《あ》う者なし。その軽きこと毛のごとく、石を履《ふ》むに声なし。陀汗王、その洞人の非道をもってこれを得しかと意《おも》い、ついに禁錮して、これを拷掠《こうりゃく》すれども、ついによって来たるところを知らず。すなわち、この履をもってこれを道旁に棄て、すなわち人家を遍歴してこれを捕えんとす。ここに、女の躡く者あり、これを捕えてもって告ぐ。陀汗王これを怪しみ、すなわちその室を捜して葉限を得たり。これを躡かしむるに信《まこと》なり。葉限、よって、翠紡の衣をつけ、履を躡いて進むに、その色《すがた》天人のごとし。始めて事を王に具《もう》し、魚骨と葉限とを載せて、ともに国に還る。その母および女は、すなわち飛石のために撃たれて死す、洞人これを哀しみ、石坑に埋め、命《なづ》けて懊女塚という。洞人もって禖祀《ばいし》をなし、女《むすめ》を求むれば必ず応ず。陀汗王は国に至り、葉限をもって上婦となす。一年、王貪り求めて魚骨に祈り、宝玉限りなし。年を逾《こ》えてまた応ぜず。王すなわち魚骨を海岸に葬り、珠百斛《こく》を用いてこれに蔵し、金を際《わく》となす。徴卒の叛する時に至り、まさに発《あば》いてもって軍を贍《たす》けんとするに、一夕、海潮の淪《しず》むるところとなる。成式の旧家人、李士元の説くところなり。士元はもと邕洲《ようしゅう》の洞中の人、多く南中の怪事を記《しる》し得たり。

だいたいの意味はつぎのようです。

南人の伝えるところによると、秦、漢以前に洞主の呉氏という人がおり、土地人は呉洞と呼んだ。両妻を娶ったが一妻が死に、葉限という娘が残され、また呉氏も死ぬ。葉限は継母に苦しめられ、きこりや水汲みに使われていたが、あるとき金の眼の小魚を得たので盆の中で飼っていたが、どんどん大きくなっていくので、池で飼うことにした。娘が池に行くと魚は必ず岸辺に首を出す。ほかの人がやっても出てこない。そこで継母は娘の着物を借りて池に行き、刃を袖に隠して魚を呼び、首を出したところを切り殺してしまった。大きく育った魚の肉は、まことに美味であった。その骨を肥の下に隠した。その後、娘は戻ってきて池に向かって魚を呼んだが、魚は出てこない。悲しくて泣いていると、被髪粗衣の人が天から降りてきて彼女を慰め、「魚の骨が肥の下にあるからそれを取って隠し、ほしいものをその骨に祈ればかなえられる」と言った。ためしてみるとそのとおりに食物や衣装が出る。「洞」の祭りに継母と実子が出かけた後、娘は翠紡の上衣に金の履をはいて祭りに行く。継母とその実子が姉ではないかと疑ったため、娘はあわてて帰る。履《くつ》を片方残し、洞の人に拾われる。その洞の人は、履を海の中の陀汗国に売る。履は国王の手に入る。国中の者にはかせたが合うものがいない。その履の軽いことは毛のようであり、石を踏んでも音をたてない不思議さだ。王はようやくにして葉限を探しあて、はかせてみるとぴたりとあった。彼女が翠紡の衣をつけ履をはくと天人のように美しかった。葉限は魚の骨とともに陀汗国にともなわれて、国王の妻になった。継母と妹は飛石に打たれて死ぬ。

魚とその骨

「葉限」というのが中国のシンデレラの名前です。ここでも葉限は生みの母と父親をなくして、継母のもとで苦しめられることになっています。「遠くの深い水辺に行って水を汲んできなさい」とこき使われていた葉限は、水辺で一匹の魚を得ます。

魚は葉限にとてもなついて、まるで恋人同士のようでした。その様子を知った継母は、葉限を遠くにやったすきに、魚を殺して食べてしまいます。大変美味だったと言います。ここで重要なことがおきます。継母は食べ残した骨を、糞尿が捨ててあるゴミ捨て場に捨てたのです。魚がいなくなってしまって悲しんでいる葉限のもとにあらわれた仙人は、魚の骨は肥《こえ》の下に埋まっている。これを掘り出して隠し、ほしいものを骨に願えばなんでもかなえられる。と言います。

中国のシンデレラはポルトガル版のシンデレラと同様、水界に深いつながりを持っています。美しい魚とまるで恋人同士のように親しんでいた葉限は、突然この魚を殺され食べられてしまいますが、残された魚の骨を丁寧に扱うことで、幸運をつかむことになります。ここでは、「魚の骨」が超自然的仲介者の働きをすることになります。

「魚の骨」を丁寧に扱うと幸運がもたらされる——このような考え方は、水界の主と人間との関係をめぐるきわめて古い時代からあった思想が、背景になっています。水界の王（これは鯨やシャチのような大きな動物としてイメージされることもありますが、「鮭の王」のような存在が考えられていました）は、人間を飢えから救うために、自分の配下である魚たちを、人間への贈り物として届けてくれる、というのがその思想です。こうして「魚の王」から贈与された魚たちを、葉限の継母のように「うまいうまい」と食べた挙句に、食べ残した骨などを、無造作に捨てたりすると大変なことになると、昔の人は考えました。自分が心をこめて送った贈り物を、人間たちがぞんざいに扱ったことに腹をたてた「魚の王」は、二度と人間たちのもとに豊かな魚を届けてくれることはないでしょう。だから人間は食べ終わったあとの魚や動物の体の根本的な取り扱いには、十分な配慮が必要だと考えたのです。これは、自然の中を生きる人間の守るべき根本的な倫理観に関わっています。

人間の世界に「水界の王」や「森の王」が贈ってくれたものに、人間はどうやって報いたらいいのか。これを大きく考えた人々は、その感謝を表現するさまざまな様式をつくりだそうとしてきました。広くおこなわれていたのは、魚の骨をきれいにとって、感謝をこめながら水界の王に戻すやり方です。森の獣であると、その獣の骨と肉をきれいに分離して、骨を綺麗に飾って、動物を与えてくれた森の王にお返しするという儀式がおこなわれています。アイヌの熊祭りにその思想は、はっきりあらわれています。アメリカ・インディアンですと、北西部で鮭がたくさん獲れますが、この鮭の骨をちょっとでも粗末に扱いますと、彼らは大変怒りました。そんなことをすれば、たくさんの鮭が二度と川を上ってこなくなってしまう、だから鮭の骨を丁寧に扱って水の中にもう一度戻すという儀式をします。

葉限が得た超自然的仲介の能力は、古い狩猟時代から生きつづけていた、動物の骨の扱いに関するこの倫理思想を背景にしている、と考えられます。継母はこれを無造作に扱ったために、仲介を失うのですが、葉限は仙人に教えられた通り丁寧な「骨崇拝」をおこなうことで、仲介の能力を獲得し、望みのものは何でも手に入るようになったわけです。

富とは何か

葉限は黄色い魚の骨を仲介にして、水中の異界と結びつくことができるようになったために、望みのものならなんでも手に入る幸運を手に入れることができました。海や山の狩猟の獲物をもたらしてくれるのは「魚の王」であったり「山の王」であったという話を今いたしました。つまり「異界の王」が人間に豊かな獲物を与えてくれる、という考えがきわめて古い時代から人間には抱かれていましたが、その場合、「異界の王」はそうした富を人間に贈り物として贈与してくれる、と考えられていました。

しかも、贈与に対するお返しは対価をお金や物で支払うことができません。じっさいそれは今でも大変に失礼なことと思われています。「自然の王」でもあるこうした「異界の王」が人間に施す贈り物は無尽蔵で、とうてい人間がそれに対する対価を支払えるようなものでないことを、人々はよく知っていましたから、人間は無形の贈り物をお返しとすることで、この気前のいい贈り物への返礼としました。無形の贈り物、それは尊敬をこめた丁寧な儀礼を通して動物たちの霊を送り返すことであり、自然とのあいだに倫理を守った生き方をすることでしょう。

民話にはこういう旧石器時代以来の古い思考が、形を変えて生き残ったようです。富ということの考えも変わって、もう豊かな獲物や収穫だけが富とは考えられなくなっています。豊かな財産や装飾品や高い地位などが、いちばん手に入れたい富になっていましたが、思考の基本構造だけはすこしも変化しなかったために、民話でもやっぱり富は死者の世界や異界とのあいだに通路が開くことのできたものだけが、手に入れることができると考えられたのでした。

「経済《エコノミー》」という言葉のもともとの意味は「しみったれ」です。つまり、お金を無駄遣いしないで、家の中で節約して、そして循環させていくというのが経済です。ところが超自然の与えてくれる富の方は「経済」ではなく「贈与」に関わっていますから、それが与えてくれるもののイメージは無際限でゴージャスです。節約も出し惜しみもしません。欲しいものはなんでも与えてくれるのです。こういう富についての観念が、シンデレラ物語の背後には潜んでいるようです。経済の枠を外れているもの、言い換えると、富を社会的に交換していくための回路からはずれているものへの欲望が、シンデレラ物語を突き動かしています。葉限の物語では、ヨーロッパのシンデレラ物語ではあまり表面に出てこない古いタイプの仲介者（水界の王）が表ざたになっていますが、その反面、超自然の仲介者による援助が、なんとなくエコノミー関係の問題に引き寄せられているという印象を受けます。

中国で語られたシンデレラ物語には、すでにこのようなあからさまな経済的欲望が入り込んでいます。仲介の発見に重きがおかれているのではなく、超自然界との交通も、もっぱら財宝や富の獲得という意味に狭められているようです。それに考えてみれば、ヨーロッパのシンデレラ物語でも、結婚によって失われていた社会的仲介状態をみいだそうとする神話と言ってみても、当の女性からすれば社会的なサクセスを幸運によって手に入れることにほかならないわけですから、現代でも「シンデレラ・ストーリー」と言えば、結婚を通じて最短距離で社会的サクセスを得たいという女性の願望のことが、話題になっていると言っていいでしょう。シンデレラの物語は人類的な古さを持つと同時に、資本主義の精神とも結びつきやすい、不思議な性格を持っています。

しかしこのような民話を、もしも人生の最大目的を経済活動や社会的サクセスにおいたりしない人人が耳にしたら、いったいどう思うでしょうか。その人々は、きっとシンデレラ物語から資本主義的な汚れを洗い流して、元のもっと純粋な形に作り変えたいと思うのではないでしょうか。次章ではこのことを考えてみようと思います。

第六章

シンデレラに抗するシンデレラ

ミクマク・インディアンの批評精神

そういう話がじっさいに語られています。北米インディアンのミクマク（Mi' kmaq）族は、ヨーロッパ人の語るシンデレラ物語を鋭い批評精神をもって迎え、これに抗して、彼ら自身のシンデレラ物語を創造したのです。

オンタリオ湖を中心とする五大湖周辺には、アルゴンキン諸族と呼ばれる人々がたくさん住んでいました。この中でもミクマク族は非常に有力な部族で、早い時期からフランス系カナディアンと積極的なつきあいをおこなっていました。そのためにおそらく一八世紀ぐらいから、彼らはシャルル・ペロー童話集の内容などもよく聞き知っていました。ミクマク族とフランス系カナディアンが、夜の焚き火を囲みながら、おたがいの知っている昔話を語りあっていた様子は、いろいろな記録に残されています。

そのとき、インディアンたちはとくにシンデレラ物語に関心を持ったようです。シンデレラの話を聞いたミクマク・インディアンは、その話をおもしろいとも、また、くだらないとも馬鹿馬鹿しいとも思ったようです。言いたいことはよくわかるが、精神性が低いと思ったのです。彼らはじつに真摯《しんし》な態度でシンデレラ物語のパロディをつくりました。いやパロディなどという言い方はふさわしくありません。彼らはそこでまったく新しいミクマク版のシンデレラを、ひとつの神話として創作しようとしました。このミクマク版シンデレラの内部構造を見てみますと、神話を創造的につくりだしていこうとする人々の態度に打たれます。またその創造能力に驚かされます。そのとき出来たミクマク・インディアンの神話は、非常に精神性の深いものとなりました。

もともとインディアンの世界には、灰かぶり少年の物語をはじめとする、シンデレラ型の神話はいろいろと伝承されていましたから、ヨーロッパ人の語るその話がなにを語らんとしているかは、すぐに彼らに理解されたことでしょう。しかしアメリカ・インディアンとユーラシア大陸の神話的世界がはなればなれになって、すでに一万年以上がたち、そのあいだに両者はまったく異なる発展をおこなってきました。かりに共通の「原シンデレラ神話」が存在していたとしても、その後の社会発展の違いが、たがいの語りだす物語の性質を大きく違ったものにしていたはずです。インディアンはシャルル・ペロー版シンデレラが、神話の精神を歪曲していると感じたのです。

そこで彼らは自分たちのシンデレラ物語をつくろうとしましたが、それによって、インディアンはヨーロッパ文化を痛烈に批判しようとしています。ヨーロッパ文化の軽薄さや女性の受動性をとりわけ強烈に批判しています。じっさいヨーロッパのシンデレラは、自分に開かれているはずの運命に対して完全に受動的に振舞います。たとえ勝利が自分にもたらされることを予感していただろうとはいえ、キャスティングボートを握っているのはやはり王子であって、シンデレラはその王子の心を射止めるために、超自然的仲介者の援助を得て、世に比較もないほどに美しく着飾って待っているのです。そして王子様の頭の中にあることと言えば、きれいで魅力的な娘を見つけて、その娘と結婚することしかありません。人類最古の哲学である神話の精神が、そこまで軽薄なものになってしまっているのを、ミクマク・インディアンたちは我慢ならないことと感じました（ということは、インディアンたちはシンデレラ物語がまぎれもない神話精神の末裔であることに、気がついていたということになるのではないでしょうか）。

ミクマク・インディアンは鋭い批判精神をもって、つぎのようなシンデレラ物語をつくりだしました。それは非常に感動的な物語です。

「見えない人（Invisible man）」の話

この物語は一八八四年の『アルゴンキン伝説集』に収められています。概容を紹介しましょう。これは、英語に訳されたもので、"Invisible man"（目には見えない男）というタイトルがついています。

昔むかし、湖のほとりに大きなインディアンの村があった（Nameskeek' oodunKuspemku）。この村のはずれに一軒の家があり、そこにはふつうの人の目には見えない人が住んでいた。この人は偉大な狩人で、守護神（teeomul）は霊界の最高者であるヘラジカだった。この人のお世話は、一人いる妹が全部取り仕切っていた。そして、この人を「見る」ことができた少女は誰でも、この人と結婚できると言われていた。そのために、たくさんの少女たちがこの人を見ようとさまざまに試みたが、誰一人として成功した者はいなかった。

こんなふうだった。夕方が近くなって、狩りに出ていた「見えない人」が村に戻ってくるとおぼしき時刻になると、妹は湖のほとりにやってきていた少女に近づいて、いっしょに散歩をはじめるのだった。妹には兄である「見えない人」のことが見えた。彼女にはお兄さんがいつも見えていたので、その腕を取って歩きながら、かたわらの少女にこう訊ねるのだった。「あなたには私のお兄さんのことが見える?」

するとたいがいの少女はこう答えた。「ええ、もちろんよ、よく見えるわ」。でもなかには「だめ、見えないわ」という子もいた。

「見えるわ」と答えた少女には、妹はさらにこう訊ねた。「Cogoowa, wiskoboosich? (じゃ、お兄さんはどんな肩紐をつけている?)」。さらにこうも聞いた。「お兄さんのヘラジカ橇《ぞり》はどんな鞭《むち》を使っているのかしら?」

すると少女たちはこんなふうに答えたものだった。「なめし皮の肩紐よ」とか「緑の柳の小枝でできた鞭よ」とか。すると妹はこの少女たちが本当には「見えない人」のことが見えていないとわかったので、静かに「わかったわ。さあ、私たちの小屋(wigwam)に戻りましょう」と言った。

小屋に入ると、妹は少女たちに「あそこの場所に座ってはだめ。お兄さんの座る場所だからね」と注意した。彼女たちは夕食を準備する手伝いをした。彼女たちは興味津々だった。「見えない人」がどうやって食べるのか、知りたかったからだ。しかし「見えない人」は戻ってきて、家の中でモカシン靴を脱ぐと、ほかの人の目にも見えるようになったので、そうなるとふつうの人と同じになった。

少女たちはなにかが起こることを待ったが、何も起こらなかった。たとえ彼女たちが一晩中この人といっしょに過ごしても、何もおこらなかった。

この村に一人の妻をなくした男がいた。彼には三人の娘がいたが、いちばん末の妹はとても身体が小さくて、弱く、しばしば病気になっていたので、お姉さんたちは(とりわけいちばん年上のお姉さんは)末娘のことをずいぶん酷く扱った。それでも二番目のお姉さんはまだ少し優しいところもあったので、末娘の言いつけられる仕事の手伝いをしてやったりした。ところがいちばん上のお姉さんは焼けた炭で末娘の手や顔を焼いたので、体中は虐めの傷跡だらけだった。そこで村の人たちは彼女のことをOochigeaska、つまり「ボロボロの肌の少女(rough-skin)」とか「燃やされた肌の少女(burned skin girl)」とか呼んでいた。

父親がもどってきて、末娘のひどいかっこうをしているのに気がついて、どうしたのか、と、訊ねると、すかさずいちばん上のお姉さんがこう答えた。「なんでもないのよ。この子が悪いのよ。火のそばにいっちゃいけないと言いつけておいたのに、言いつけを守らないで火に近づくもんだから、火の中に落ちてしまったのよ」。

さて、この二人のお姉さんたちにもとうとう順番がやってきた。いよいよ「見えない人」のところへ出かけて、自分たちの運を試すべき日がやってきたのだ。お姉さんたちは精一杯めかし込んで、自分たちを美しく見せようとした。末の妹がまだ家にいたので、彼女をいっしょに連れて、湖畔まで降りていった。さて、いよいよ「見えない人」がやってきた。この人の妹の質問に答えなければならないのである。「あの人のことが見える？」と聞かれて、お姉さんたちは「はい、もちろん見えます」と答えた。同じように、肩紐のこととか橇の鞭のことか質問されて、「なめし皮でできたのを手にしています」などと、本当は見えもしないのに嘘をついて答えたので、ほかの少女たちと同じように何ごともおこらず、何ものも得られなかった。

翌晩、父親はたくさんの小さなきれいな貝を持って戻ってきた。この貝がらは weiopeskool（wampumとほかのインディアン語では呼ばれる貝殻のお数珠《じゅず》）ができるので、みんなでさっそく napawijjk（紐を通す作業）にとりかかった。

かわいそうな Oochigeaska（燃やされた肌の少女）は、いつもは裸足だったが、ある日父親から古くなったモカシン靴をもらった。モカシンは彼女には大きすぎたので、湖にいって水に漬けて小さくして、自分に合う大きさにした。そして、お姉さんたちに wampum を少しだけくださいと頼んだ。いちばん上のお姉さんは「向こうへお行き、この嘘つきのバイ菌ちゃん」と言って追い返したが、つぎのお姉さんは少しだけ wampum を分けてくれた。

わずかなボロで身体を覆うだけだったこのかわいそうな少女は、そこで森に行って白樺の皮をはいできた。そして木の皮にちょっと形をつけて、衣服につくった。これを着ると少女はまるでおばあさんのように見えた。それからペチコートをはき、ゆったりのガウンをはおり、帽子やハンケチを身につけ、膝まで埋まってしまうほど大きな父親からもらったモカシン靴をはいてでかけた。自分の運命を、彼女は試そうとしていたのだ。

村のはずれに建てられた wigwam があったが、そのとき彼女の目にははっきりと「見えない人」がそこにいるのが見えたのである。

なんと幸先のよいことだったろう。彼女が立っていた戸口のところからその人のいるところまで、シュルシュル、ホーホーと不思議な音を立てる気流がつながっていたのだ。お姉さんたちは末娘のこの奇妙なかっこうを見て、さんざん笑い者にして、家に留まらせようとした。でも彼女は言うことをきかなかった。お姉さんたちはいよいよいきりたって嘲《あざけ》ってみせた。とうとう大声で「いいかげんにおし」とどなってみたが、彼女はかまわず、ずんずんと目的の場所に進んでいった。まるでなにかの霊が、彼女を突き動かしているかのようだった。

ずいぶんと奇妙ないでたちをした小さな女の子は、髪の毛をちりぢりに焦がし、ちっちゃな顔を真っ赤に上気させ、篩《ふるい》に穴でもあいているかのようにどんぐり目を見開いて一点を見つめて、やってきた。なんて変なかっこう。でも、「見えない人」の妹はこんな彼女を暖かく迎え入れた。なぜならこの高貴な魂をもった女性は、ものごとを外見ではなく、その奥にひそんでいるものの価値によって知ることができたからである。

夕闇が降りると、彼女は少女を誘って、湖畔に降りてきた。そして「見えない人」のやってくるのがわかるかどうかを、試してみた。「あの人が見えますか」と少女に聞いた。

「もちろん、見えますとも。ああ、なんてすばらしい方なのでしょう」。

「あの人の橇をつないでいる紐はどんな」。

「虹です。虹でできています」と答えたが、すぐに怖くなった。

「お姉さま、橇の先頭に結んである紐はなんですか」。

「あれはね、Ketak' soowowcht（天の川よ）」。

「あなたには本当に見えているようね」と妹は言って、彼女を家に連れて行った。彼女が少女の身体をていねいに洗うと、顔や身体を覆っていた傷や汚れがすっかり消えて、きれいになった。髪はぐんぐんと伸びて、まるで黒鳥の羽根のように長く、美しくなった。目は星のようだった。こんなにきれいな少女はこの世界にもいないと思えるほどだった。妹は宝箱からいろいろな飾りを取り出して、少女を結婚の飾りで装った。髪に櫛を入れてけずると、髪はますます長くなっていった。驚くような出来事が次々と起こった。

　こうしたことが済むと、妹は少女に wigwam の中の妻の座にお座りなさいと言った。その隣に「見えない人」が座る。そこは戸口の脇の座である。「見えない人」がとうとう部屋に入ってきた。彼は神々しいほどに美しかった。そしてこう言った「Wajoolkoos（とうとう見つけたな）」。

「Alajulaa（はい）」と彼女は答えた。少女はこうして「見えない人」の妻になった。

高貴な魂

　以上がミクマク版のシンデレラ・ストーリーです。ここにはとても一口では語れないほど多くの意味が語りだされています。

　まず気が付くのは、ミクマク族の批評精神はまっさきに、ペロー版シンデレラ物語を支配している「見えること」「見ること」「見せること」への偏執に向けられていることです。たしかにペロー版をはじめとするヨーロッパのシンデレラ話では（いや葉限を主人公とする中国版においてすら！）、美しい異性を見つけたい、異性にとっていかに美しく魅力的に見える自分でありたい、という欲望が強力に働いているのがわかります。王子様は自分の結婚相手となるべき「美しい女性」を夢中になって探していますが、王子様にとっての「美しい」とは、たんに見た目に美しく魅力的である、という意味しか持っていません。またシンデレラ（サンドリヨン）のほうはと言えば、パーティーでほかの誰にも負けないほどに美しく豪華に着飾って、魅力を振りまいて、いかに王子様の心を、というか、欲望の眼を射止めるかということに、全神経が注がれています。これを、ミクマク族は薄っぺらな人生観だと見たのです。

そこでヨーロッパ的シンデレラ物語の根底的な批評を目指したミクマク版シンデレラでは、この「見える」や「見せる」ということをとことん否定してしまうことがおこなわれたのです。この物語では、王子にあたる人物は、その名の通り「見えない人」なのです。狩猟の名人であり、その人と結婚できることはすべての少女たちの夢である人は、ふつうには「見えない」とされています。少女たちは一所懸命、この「見えない人」を見ようとします。彼が見えた少女だけが、結婚できるのですから、少女たちも必死です。しかし誰の目にも見えません。それもそのはずで、「見えない人」は超自然力の領域と行き来のできる、とても高い霊性を持ったシャーマンのような人物だからです。

ところがそういうことを知らない少女たちは、「見えない人」をふつうの人間の結婚相手として見ようとして必死です。なぜ結婚したかったのかというと、彼がすぐれた猟師でもあったからです。「見えない人」は、ヘラジカを守護神としていますから、どんな時でも、狩猟に成功できる能力がありました。ふつうのインディアン少女たちの抱く最大の願いは、立派な猟師と結婚して、豊かな暮らしをおくれることです。これは、王子さまと結婚したかった昔の少女たちや、お金持ちのハンサム青年と結婚したがるいまの少女たちの心理と、あまり変わりません。

「見えない人」が見えている人はたったふたりしかいませんでした。「見えない人」の妹と「ボロボロの肌」と呼ばれた少女だけです。妹は「見えない人」のことが見えます。それは彼女自身の魂が高貴だからなのでしょう。それに「ボロボロの肌」も「見えない人」が見えます。魂の高貴さの条件は「ものごとを外見ではなく、その奥に潜んでいるものの価値によって知ること」と言われています。「ボロボロの肌」は、いじめられて火を押しつけられて、顔中がただれていましたし、髪の毛はチリチリです。外見を見るとこんなに汚い女の子はいないのですが、どういうわけか、彼女には「見えない人」が見えるのです。

カマドの灰

「ボロボロの肌」と呼ばれた少女は、いつもカマドの近くにいて、灰や煤で汚れたかっこうをしています。シンデレラ物語を聞いたインディアンたちは、シンデレラ（サンドリヨン）というこの少女がいつもカマドのそばにいたことに敏感に反応しています。ミクマク・インディアンはこの話はカマドの火の仲介機能を問題にしている話だということに、はっきりと気づいて、しかもヨーロッパ版ではもう意味があまりはっきりしなくなってしまっていたこの「カマドの主題」を、もういちど真正な神話思考の現場に引き戻そうとしているのがわかります。

　シャルル・ペローは、なぜこの少女はいつもカマドのそばにいなければならなかったかの理由を、はっきりとは理解していません。ただそうしていると汚いかっこうになるし、家事労働の中でも最下層のものだし、とかしか理解していなかったのではないかと思えるのです。この話を聞いていたフランスの婦人方や少女たちも、だいたいその程度の理解でしょう。

ところが、インディアンはこれを哲学的（人類最古の哲学である神話的に、と言ったほうがいいでしょう）に理解したのです。彼らはカマドが人間の世界と霊の世界を仲介する場所であることを肌身で知り抜いていましたから、シンデレラがカマドのそばにいつもいて、その灰を浴びていた少女であると聞いただけで、ピンときたのですね。彼らにとっても、人間は「見える」世界の住人ですが、霊は「見えない」世界の住人で、カマドはこの「見える」世界と「見えない」世界の仲介者であるわけですから、いつもカマドのそばにいて灰を浴びている少女といえば、その位置によって、「見える」と「見えない」の仲介者たる資格を持つ、と考えたのです。

ですからシンデレラのお話を聞いたとき、インディアンたちはカマドのそばにいる少女に、なぜ信じられない幸運がもたらされたのか、その意味をはっきりと理解したはずです。その理解をもっと強く表現するために、「ボロボロの肌」という名のもう一人のシンデレラは、カマドのそばにいるだけではなく、肌を薪の火で焼かれてぼろぼろにされてしまうという「変形」を受けます。彼女自身の顔がカマドと同じように、焼けた薪や炭を押しつけられて、醜くされてしまうのです。こうして「ボロボロの肌」は、とても醜い容貌にされてしまいますが、これがまたひとつの重要な意味を持ちます。

彼女自身がもうカマドと同じものですから、神話的思考にとってのカマドの意味づけによって、「ボロボロの肌」自身が「見える」世界と「見えない」世界を仲介する位置に立つことができるようになります。しかも彼女は外見上は、最も汚い女の子になってしまいました。これは家の中でいちばん煤や埃にまみれる場所が、カマドのある場所だというのと対応しています。ここでいろいろなものの価値や意味の転換が起こるのですが、そこはよりによって灰にまみれた場所なのです。シンデレラは「魔法の杖」の一振りで、すっかり美しい女性に変身するのですが、「ボロボロの肌」にいたっては、王子様である「見えない人」の前に立ったときでも、まだこの火傷《やけど》の跡を残した醜い姿をしているのです。

細部にいたるまで周到な反転

「ボロボロの肌」のお姉さんたちやほかのかわいい少女たちは「見えない人」を見ようとして、美しく着飾ります。これは「見えない人」を見るための最悪の方法です。美しく着飾ることで、少女たちは自分の外見を「見えない人」に見てくれと言っているのですが、この人はあいにくなことに、物事の外見を「見ない」人なのです。そこがヨーロッパのシンデレラ物語にでてくる王子様と、大違いなところです。インディアンはたぶん、ヨーロッパの王子様のことを、なんて精神性の低いお馬鹿ちゃんと思ったことでしょう。王子様は外見ばかりでできた世界を、欲望の眼を通して見ようとしています。たまたまシンデレラの性格がよかったから失敗しなかったようなものの、こういう王子様はなかなか世界の真実を見ることができません。

ところが「見えない人」が手に入れようとしているものは、美しい魂なのです。インディアンの考えの中で、美しい魂は高い霊性を持ち、そのため「見えないもの」を「見る」ことができます。そのため美しい魂には、外見の惑わしを逃れることができます。どんなに外見の美しいものを見ても、その中にどういう魂が潜んでいるかがわかるのです。「見えない人」はそれを「ボロボロの肌」のなかに発見します。「ボロボロの肌」という少女は確かな後ろ盾もなく、小さくて、病弱で、汚く、灰や煤や埃にまみれていますが、彼女は何の苦もなく「見えない人」を見ることができました。美しい魂の持ち主だったからです。

その彼女が「見えない人」に会いに行くとき、精一杯のおめかしをしています。このおめかしが、またとてもかわいい。インディアンの抜群のユーモアを感じます。決して美しいかっこうではありません。ブカブカのお父さんの靴を履いて出かけます。靴はブカブカで、それをブカブカ鳴らしながら歩いていくのですね。さらに今取ってきたばかりの白樺の木を剝《は》いで、それで洋服をつくって、羽織っています。まことに珍妙な格好で「見えない人」のもとに出かけていったわけですが、ここにも細部にいたるまで周到にシンデレラ物語を反転しようという、細かい配慮が見られます。

「ボロボロの肌」はお父さんからブカブカのモカシン靴をもらっています。これはシンデレラがもらった妖精の靴を反転させたものです。妖精の靴はシンデレラの足に（シンデレラの足にしか）、ピッタリはまります。「ピッタリはまる」にはなんとなくエロティックな感じがつきまといますが、これは、中国の纏足《てんそく》の場合のような性的な意味あいがこもっているようです。しかも小ちゃい靴です。ガラスの靴、銀の刺繡が施された靴、金の靴。とにかくみんな豪勢な靴です。

ところが、「ボロボロの肌」が履く靴は、お父さんのお古です。ブカブカですから、水に漬けて小さくしていますが、この水に漬けて小さくするという行為も、あの靴のぴったりの相手を探して王様の一行が全国を歩いているシーンに反響しています。ようするにみんなパロディなのです。

このブカブカの靴を履いて、はじめて彼女は「見えない人」のもとへ出かけて行きます。ここでも「靴」が大きな働きをしています。シンデレラは小さな美しい靴を履いて、舞踏会に行きます。そして最後に彼女と王子を結びつけるのに決定的な働きをするのも、この靴でした。ミクマク版シンデレラでも、靴は重要です。ですが形態も機能も全部反転された形で、重要な働きを遂行しています。「妖精からもらった、ま新しい、ぴったりでほかの誰にも合わない靴」が「お父さんからもらった、お古の、ブカブカで自分に合わない靴」に反転されています。

つまり、ミクマク族版のこのシンデレラ物語は、細部にいたるまで周到にペロー版シンデレラに反転を加えることによってつくりだされているのです。こういう反転がおこなわれているときには、往往にしてメッセージの反転が起こります。ここにはインディアンの結婚哲学が表明されていますが、その哲学はヨーロッパ版シンデレラにあらわれているそれとは、異質な考え方です。人類的な分布をするシンデレラ神話は、総力をあげて宇宙の重層的諸レベル間に仲介機能を発見しようとするもので、結末の結婚によるハッピーエンドにしても、そうした仲介の一形態にすぎないものだったはずです。それがヨーロッパの民話に変形されると、ほかの仲介機能を利用して、ただひたすらに社会的仲介機能である結婚のハッピーエンドになだれ込んでいこうとする傾向が、あらわになるようになってしまいました。そのために、神話の全編が「外見的なものへの欲望」によって汚されてしまっている、とインディアンは考えたのではないでしょうか。

このお話の最後で、「見えない人」にみいだされたこの少女が、霊性高い妹の手によって、火傷の傷を消してもらい、ちりちりの髪も美しく梳《くしけず》ってもらって、みたこともないような美しい女性になった、とあるのを見て、「何だ、やっぱり『見えない人』だってきれいな女の人のほうがいいんじゃない」と言ってひがんでいる人がいるかも知れませんから、ひとこと最後に言い添えておきますが、ここでいわれている「美しさ」は星や野の花や動物のような美しさのことで、人間のお化粧やおしゃれがつくりだせるものでもなく、こういう自然な美しさは誰の中にも潜んでいるものなのだから、みなさんどうかご安心ください。

第七章

片方の靴の謎

小さな足とブカブカの靴

最後まで残しておいた問題に取りかかることにしましょう。それはシンデレラが脱ぎ落とした片方の靴の問題です。

シンデレラ物語に対する批評版で、ミクマク族も「ボロボロの肌」の履く靴には、大きな意味を与えていました。お父さんのお古のモカシン靴をもらった彼女は、このブカブカの靴を履いて「見えない人」のもとに歩いていきます。この靴を履くことによって、自分の家から「見えない人」の小屋までまっすぐ道が開けました。この靴が道を開いてくれたのです。しかも最後まで「ボロボロの肌」はこのブカブカ靴を脱ぎ忘れたりはしません。まったく逆の形ですが、靴はここでも大きな意味を持っています。

では、シンデレラが脱ぎ落とした片方の小さい靴とは、いったいどういう意味を持っているのでしょうか。神話学にとって、これは長いこと大きな謎でした。

この謎について、レヴィ=ストロースはどうもこれはオイディプス神話群と関係があるのではないかと、推定しているようです。オイディプスは片足のくるぶしが不自由で、自由に歩き回ることのできない人でした。この主人公を中心にして古代ギリシャで語られていた神話群の中で、このことは「人間が大地から出生したこと」からくる矛盾に関わっていると言われています。大地からの離脱がうまくできないでいる人間は、片足が不自由にしか歩けないという考えがありましたが、シンデレラも地下の死者の世界（グリム版）や野獣の世界（ペロー版）と深い関わりを持っていた女性として、地上と大地を仲介することのできる能力とひきかえに、靴の片方を失って不自由な歩き方をする必要があったのではないか、という推論です。

これは大変に興味深い推論です。しかもここを突破口にすると、私たちが求めているあの「原シンデレラ神話」に近づいていくことができるかもしれません。そこでまず、オイディプス神話の検討からはじめることにしましょう。

オイディプスの神話

オイディプス神話は、ギリシャ神話の中で最も有名なもののひとつです。後に、これはソフォクレスによって悲劇にも仕立てられて、『オイディプス王』という有名な劇になります。

オイディプスは、父親を殺して母親と結婚した男です。テーバイ王のライオスに子供が生まれることになりましたが、その子の運命について禍禍《まがまが》しい神託が下ります。王に新しく生まれる子供は、父を殺し母親と交わるだろうという神託です。神託の実現を恐れた父王はオイディプスを遠くへ捨て去ります。月日がたち、オイディプスは立派な若者に成長します。そして、何も知らないままオイディプスは、ライオス王の治めるテーバイの都へ戻ってきます。

ちなみにライオスという名もオイディプスという名も、「足を欠損している」「怪我をしている」などという意味を含んでいたようです。ライオス王とオイディプスはともに「跛行《はこう》する」という意味の名前だったのですね。

さてテーバイの都に向かうオイディプスの前にスフィンクスという怪物があらわれます。エジプトのピラミッドのそばにいるあの有名なスフィンクスです。これはギリシャ世界で広く語られていた死者の世界の怪物です。死者は大地と深いつながりがありますから、スフィンクスは大地への重力を体現していることになります。いろんな動物の特徴を一身にあわせ持ったハイブリッド動物の姿をしていて、旅人が通りかかると、謎々をかけて、この謎々が解けないと旅人を殺すのです。そして、いままで誰も無事にスフィンクスの前を通過した者はいなかったのです。

オイディプスはスフィンクスのかけた謎を解いて、この怪獣を殺します。どういう謎だったかと言いますと「朝は四本足で、昼間は二本足で、夕方には三本足のものは何だ?」というものです。これに答えた者はいままで誰もいなかったのに、オイディプスがなんなくこれを解きます。答えは「人間」です。

オイディプスはテーバイにたどり着きます。そこで聞き知ったのは、年をとったライオス王が、大変暴虐な王になり、民衆にひどく憎まれるようになっていました。オイディプスは民衆の期待に応えて王を殺し、その妃と結婚します。この妃こそまぎれもなく自分の母親であることにも気づかず、結婚します。オイディプスは母親と近親相姦をおかすのです。

その後テーバイの町に疫病が蔓延します。そして疫病の原因は、オイディプスが自分の母親と結婚したからであるという神託が下ります。事実を知ったオイディプスは絶望して、母親を殺し、自分も目を突いて盲目となって去っていくのでした。これはソフォクレスの悲劇による粗筋ですが、かつてはたくさんの異文がギリシャでは広く語られていたようです。

謎々と近親相姦

まずスフィンクスが旅人にかけた謎々のことから考えましょう。いやそもそも謎々とは、人類の文化にとってなんなのでしょう。かわいい謎々をひとつ。「眼はあっても見えないものなに?」。答えは「じゃがいも」です。この謎々では最初の「め」があとからの「見える」によって、後追いで「眼」と理解されることを利用して、「眼」と「芽」をうまく入れ違いさせています。それによって、はじめ誘導された「眼を持った生き物」というイメージが、「見えない」で混乱させられるのですが、それが植物の芽であったことがわかって「なあんだ」となります。

このように謎々では、通常は離れた意味場に置かれていたイメージ同士が、急激に接近させられることから、驚きや喜びが発生するようにつくられています。スフィンクスのかけた謎々でも、「朝四本足で、昼間は二本足で、夕方三本足なものは何?」と言われれば、イメージのなかで大変非日常的な生物を思い浮かべてしまいますが、じつはそれがなんのことはないただの「人間」であった、というので、驚きが生まれています。

謎々はこうして、通常は離れているものを急激に接近させることをおこないます。それが謎々を神秘的でもあれば、また危険なものにもしているのです。なかなか解けない難しい謎々では、問いと答えのイメージが遠くへ分離している状態が長く続きます。それにみごとな答えが与えられた瞬間、ふたつは急接近をおこないます。だから謎々をかけたり解いたりするのは危険だと考えられたのです。

昔は、謎々をしてもいいという特別な時間が決められていて、ほかのときにはめったにやってはいけないことになっていました。たとえばフィリピンの村では、昔謎々はお通夜にしかやってはいけないことになっていました。お通夜では普段は分離されているいろいろなものが急接近をおこないます。生きている者と死んでいる者がひとつの空間に同居しますし、笑ったりと泣いたりが同じところでおこなわれます。お通夜はまさに謎々と同一の構造をもっていましたから、普段は遠慮されていたこの遊びがお通夜ではおおっぴらに楽しまれたのです。

片足の不自由

さて、そうなりますとオイディプスがスフィンクスのかけた謎々をあっさりと解いてしまったことが、重大な帰結を引き出すことになった理由が、よくわかります。謎々は通常は、分離されているべきもの同士を、急激に接近させてしまう働きをしました。それはまさしく、言語上でおこなわれる近親相姦にほかならないでしょう。息子と母は、たがいに適正な距離を保っていなければなりません。しかし謎々を解いてしまったオイディプスはこれから、接近してはいけないものと過度に接近を起こし、敬わなければならない相手にひどい非礼（殺害）を冒すだろうという暗示が、ここでおこなわれています。ここで働いているものは、たしかに一つの神話的思考です。

さまざまな悲劇を味わったのち、オイディプスは自分の眼を突いて、盲目になります。そして、王位を捨てて、自分の娘の手引きで放浪の旅に消えていくのでした。謎々を解く、父親を殺す、母親と近親相姦をする、盲目になる、死の放浪に出る。オイディプスのとった一連の行動は、すべて左右の対称性やバランスを欠いたものです。どちらかに偏っていて、地上での自由な運動を阻害しているものばかりです。ここで、彼と彼の父親の名前が、重要な意味を持ってきます。すなわち「跛行」のイメージです。

ギンズブルグの研究

オイディプス神話群の中で、跛行という主題はとても大きな意味をもっています。ライオスもオイディプスも、片足が不自由という意味の名前だったことは、前に述べました。このように神話には跛行のイメージがよくあらわれてきます。また同じことを表現するものとして、片方の靴が脱げている存在も登場してきます。舞踏会から逃げ出す途中の階段で、片方の靴を脱ぎ落とすシンデレラは、神話の中ではけっして孤独なキャラクターではないようです。

片足で歩いたり走ったりする行為が重要視されていたお祭りなども、いろいろありました。じっさいローマ時代でも、「狼憑き《ルペルカリア》」と呼ばれる若者たちの祭り集団がありましたけれども、この若者たちは、祭りの時に乱暴狼藉《ろうぜき》をしてもよいという許しをえていました。彼らはふつう勇敢な戦士として知られていた若者たちですが、この祭りのときには片足にだけサンダルを履いて、跛行しながら、乱暴狼藉に飛び込んでいったといわれています。面白いことにルペルカリアという祭りは死者の祭りで、跛行の若者たちは死者を表象していたのです。死霊が、生者の世界にあらわれてくる時、片足の靴を脱いでいたり、跛行であらわれるという伝承が、広くおこなわれています（一本足の妖怪などもこの仲間でしょう）。この跛行がなにか深い意味を持っているらしいということは、うすうす感づかれてはいましたが、それを研究としてまとめてみせたのが、カルロ・ギンズブルグというイタリアの歴史学者です。

それはギンズブルグの本『闇の歴史』のなかに収録されている「骨と皮」という論文に見ることができます。これはとても重要な研究です。ユーラシア大陸を広く見まわしてみると、片足が不自由であったり、片足の長さが違っていたりという主題が、きわめて広い範囲にみいだされ、多くの場合、骨と跛行の間に深いつながりがしめされています。そしてそのことがシンデレラ物語を遠く暗いユーラシア大陸の歴史の闇へつなげていると言うのです。

ギンズブルグはこの長い論文において、長々とオイディプスの神話群を分析した末に、片足の不自由という重要な主題がそこに潜在していることをしめします。オイディプスは大地に縛られている存在なのです。大地に縛られているために、彼は跛行しなければならない、と考えられました。半分大地に縛られて、彼は自由に動けない存在なのです。

ここで言われている「人間の大地性」は、深い実存的意味を持っています。個体の生存を包んでいる大いなるものがあります。これが「大地性」のイメージの根源にあるもので、しばしば母親や女性のイメージと結合して、「大地母神」のような考えを生み出してきました。このような観念には普遍性があります。もはや神話の観念などが通用しないように見える現代社会でも、個体の生存はそれを包み込む「種」の永続のためにしか意味を持たず、その永続性を支えているのが遺伝子なのだという考えが受け入れられています。こういう現代の考え方においても、個体の実存を縛っている、なにかとてつもなく深く重たいものの存在が考えられています。個体はその中にあって、自由に動くことができません。そういう重力を持った不動性の存在を「大地性」と昔の人は言ったのですから、人間の実存の条件はいまでも変わっていないと言えるのではないでしょうか。

私たち人間は、もともと大地から生まれた、と考えても間違いではないのです。私たちは大地から生まれ、死ねば大地の中に埋葬されていきます。母親の身体を通じてこの世界に生まれてくる前、私たちは大地性につながれていた。そして個体性を得てからでさえ、そこから完全に切り離されることはありません。

実存の矛盾

神話的思考は、これをつぎのようにとらえました。私たちは母である大地から、一人の人間として生まれてきた。私たちは個体だが、この個体は母＝大地の一部なのか、それともそれを否定した個体なのだろうか。神話が提出しているこの問題は、人類の思考に突きつけられた最大の難問です。

神話はこの難問に直面して、人間は矛盾したもの、ととらえることによって切り抜けようとしました。私たちは大地に属しているが、それを否定しつつ帰属するという矛盾したありかたをしている、という考え方です。これを表現するために、神話はさまざまな語り方を生み出してきました。そのひとつがオイディプス神話です。オイディプスは人間の実存の矛盾を表現しているのです。そのことはすでに、彼がまさにそのことを問題にしていたスフィンクスの謎を解いてしまったことにもあらわされていますが、大地への帰属性を保ったまま個体でもあるという矛盾はさらに、彼の片足が不自由で、いつも跛行しなければ地上を歩けないという形で表現されることになっています。

母親や父親との関係の不安定さにも、そのことがよくあらわれています。いつもまわりの関係に対して適正な距離を保った、均整のとれた対応ができればいいのですが、私たちは自分の抱える実存的な条件によって、いつも左右不均衡な歩き方しかできず、母親との距離さえ間違ってしまう可能性を抱えた、頼りない存在なのです。オイディプスがあらわしているのは、私たちの生存そのものです。跛行しながら生きているのは、私たち自身なのです。オイディプスとは私たちのことだったのです。

死者の国へ行ったものの印

そこでシンデレラの登場です。オイディプスが片足を重く引きずっているのは、彼が（人間がそこから生まれそこに去っていく）死者の領域に半分足をつっこんでいるためにほかなりません。このことを別の言い方で言えば、彼は生と死のふたつの領域を仲介する存在だということになります。ところが、すでに私たちが長い分析を通して見てきたとおり、シンデレラもまた生と死の領域を仲介する存在として、カマドのそばにいて灰をかぶり、ヘーゼルの木を通して死霊と語り合い、魚の骨を仲介にして魔術的援助を得、水界の王宮に行って王子から求婚され、ガラスの靴を脱ぎ忘れて、片足をひきずりながら家に急ぎ戻っていった女性なのでした。彼女の中には、あきらかに女性の姿をとったオイディプスが潜んでいます。さて、ここから何が見えてくるでしょう。

ギンズブルグはつぎのように書いています。

姉たちの正体をあばき、王子と結婚する。見て分かる通り、この筋書きは、魔法寓話にその機能の一つ――英雄や女性の英雄の身体に押されている刻印――は、なくした靴という決定的な細部に、容易に認められる。シンデレラの片方の靴は死者の国(王子の王宮)へ行ったものの印なのである。

(『闇の歴史』竹山博英訳、せりか書房)

これは葉限の話やポルトガル版シンデレラで、すでに暗示されていたことです。シンデレラは死者の領域と自由に行き来のできる能力を持った女性だったのです。その彼女が魔法的援助を得て出かけていく場所といったら、死者の国の王宮ということに当然なるのではないでしょうか。こういうことはシャルル・ペロー版でもグリム版でも、話の表には出てきません。王子はあくまでも高い社会的身分を持った現世の王子であってほしいからです。しかし、物語の構造分析も形態分析も、それは表向きのことであって、ほんとうはシンデレラがダンスを踊っていたのは死者の国なのだ、という結論を支持しているようです。重要なことは、シンデレラが脱ぎ捨てた片方の靴です。それは彼女に打ち込まれた死者の王国の刻印であり、それを求めて王宮からの使者が使わされてきたのでした。

死者との交通

だんだん話がすごいことになってきました。

だがケルト圏内の跛行の動物の異文は、以前に見たように、より広い神話的、儀礼的文脈の中に収まる。その文脈の中では、一三世紀初めにディルベリのゲルヴァシウスが記録した伝承も一般的なものとなる。つまり、前足を切られた狼憑きがすぐに人間の姿を取り戻したというのである。他界に行ったり、戻って来るものは動物、人間、あるいは両者の混ざり合ったもの——歩行の不均衡という印をつけられる。

（同前掲書）

死者の国に行ける存在は、歩行が不均衡でなければならないというわけです。狼憑きは跛行することによって、トランスの中で死者の領域に行けるのですが、前足を切られて「左右の均衡を取り戻した」とたんに、ふつうの人間の姿に戻ったということでしょう。私たちはオイディプス＝シンデレラ問題の、まさに核心部分にいます。彼らは死者の領域と交通（コミュニケーション）する能力を持ったことによって、跛行を余儀なくされたのです。

われわれが再構成した系列は、生き返った動物の跛行と、その後にシンデレラが靴を片方なくしたことが、同等の象徴的意味を持つことを教えてくれる。援助するもの——動物、代母、妖精、あるいは直接的に母親——と、援助されるものの間には、隠された相互関係が存在する。

（同前掲書）

ここに神話の仲介能力のもっとも深い真実があります。シンデレラのおこなう仲介機能は、じつに重層的で、社会的身分の高低を仲介できる能力などは、そのうちのごくささいなものにすぎないのでした。彼女はありとあらゆるレベルの仲介の能力を持ちます。それというのも彼女がもともと死者の領域と交通ができるからですが、そのために彼女は「跛行する存在」でなければなりません。そうするとどうして彼女が、舞踏会に出かけた王宮の階段で靴を脱ぎ落とすのかの理由がわかってきます。そのエピソードには、シンデレラがシャーマンであった時代の遠い記憶が、うっすらと映し出されているのです。

シャーマンの技術

シャーマンは、死者の領域に入っていくことのできる能力を持った宗教者として、知られています。主に北方ユーラシアで発達をとげましたが、類似の形態はいたるところでみいだすことができま

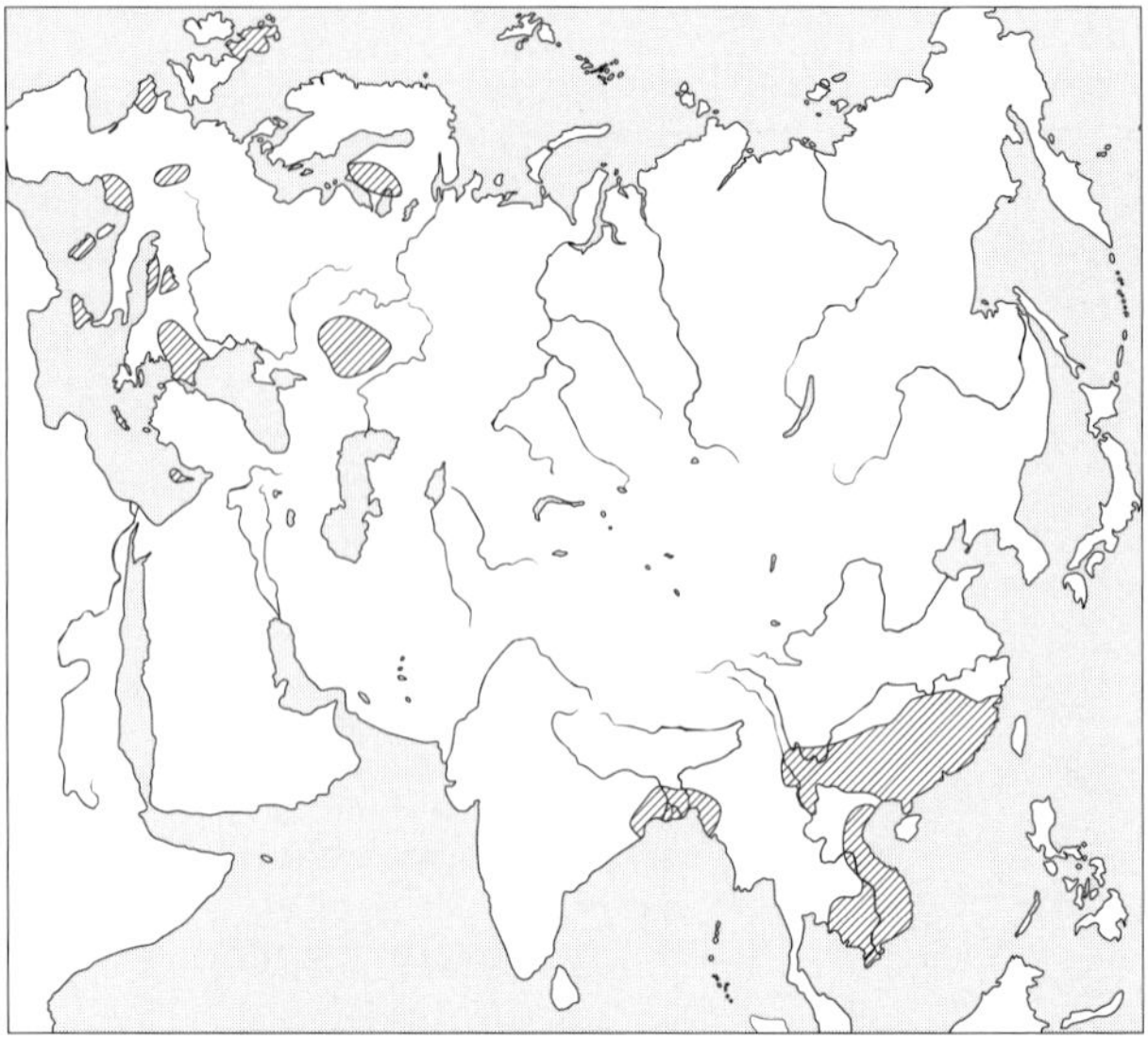

シンデレラ、魔術的援助者が、骨の収集のあとでよみがえる異文がある場所
（C.ギンズブルグ『闇の歴史』せりか書房参照）

す。トランスすることによって深い意識層に入って行く特別な技術をもっている人々で、そのためには特殊な体質の持ち主である必要があります。彼らは死者とコミュニケーションをおこなうことができると信じられていました。人が病気になった原因や、不幸や災害の原因を探るために死者の世界へ下りていくのです。

北方のシャーマニズムでは、さまざまな興味深いことが伝えられています。トランスに入っていくと、意識のまわりにあらわれてくる光景がどんどん変化していきます。光や音が飛び交い、意識はずんずんと深く落下していくように感じられるのです。そして急激な落下の感覚がおさまってくると、そこにいろいろな恐ろしいイメージが出てくるようになります。多くは熊や虎のような動物の姿をしているといわれますが、シャーマンはこの動物たちによってそこで身体をバラバラに引き裂かれ、骨を砕かれてしまうのです。そして、身体をバラバラに分解されてしまった後、そこに自分の生命を守ってくれる守護動物があらわれて、散らばっている骨を集めて、水に漬けたり、欠けた所を補ったり、あるいは金属で補塡してくれたりして、もとの身体を再現してくれるというのです。こうしてシャーマンは新しい存在としてよみがえってきます。

シャーマンとしてのこのような特徴は、あの中国のシンデレラ・葉限の場合には最も顕著です。彼女は魚の骨を祀《まつ》りますが、こなごなに打ち砕かれた骨からもとの体を再生させるというのは、シャーマンたちの得意とする技でしたし、なによりも洞の宴会に出かけていくときの彼女のいでたちに注目すべきでしょう。葉限は「黄金のサンダルを履き、カワセミの羽でできた衣をまとっていた」といわれています。

シャーマンは多くの地帯で、大地に直接触れないようにするために、高い靴やサンダルを履いたり、肩車をされて足が地につかないようにして運ばれます。また天界高く飛翔していく能力をしめすために、シャーマンたちは鳥の羽根でできた背飾りをしょったり、羽根でできた衣をまとったりもしました。シャーマンは死者の国を訪れるために、大地の底に下降していくことができなければならないだけでなく、今度はそこから天高く飛翔して、天と地と地下の三界を仲介することができなければなりません。こういう特徴が、葉限にははっきりと備わっています。

下降し、上昇する、シャーマンの精神のおこなうこのダイナミックな運動こそが、地面に体をつけないように高いサンダルを履いたり、鳥の羽根の衣装をまとったりする一方で、片足を引きずりながら跛行しているという、その矛盾した性格づけにあらわれているものだと思われます。

ユーラシア大陸の闇の歴史へ

シャーマニズムが背景としているのは、生者と死者を仲介する技術をもって、生と死の矛盾を乗り越えようとする神話的思考にほかなりません。この同じ思考が、オイディプス神話とシンデレラ物語の両方に作用をおこなっているようです。シンデレラのほうは近親相姦のような主題は表に出てきていません。しかしこれを、ロシアからトルコ・ギリシャにかけて広く伝承されていたシンデレラ物語の異文である「毛皮むすめ」の話と対照させてみますと、ますますオイディプスとシンデレラの深い関係があきらかになってきます。

「毛皮むすめ」は次のような話です。

昔、一人のパディシャ（殿様）がいて、妃はもっていたが、子供がなかった。ある日夫妻は散歩に出て托鉢僧に出あったので、子供がないことを訴えた。と、坊さんは言った。「あなた方には娘ができるだろうが〈毛皮むすめ〉と名をつけることですぞ」

パディシャは承知できなくて、「やっと娘ができるのに、そんな名はつけられん」と言った。それに対して托鉢僧は何とも言わなかったが、林檎を一つさし出して、これを奥方と一緒に食べるように言った。パディシャはそれを受取って、夜になると妃と分けて食べた。

しばらくすると、妃は一人の女の子を生んだが、娘をよく見る暇もないうちに病気になって目を閉じたが、臨終の床で遺言をした――「あなたがまた結婚なさるなら、私がはめているこの腕輪がぴったり合う娘でなくてはいけませんよ」と。

娘はどんどん大きくなって、ついに十七歳になった。そこでパディシャは、れいの腕輪が合う女を探して結婚しようと思い、太鼓を叩いてそのことを触れ廻らせたが、国じゅうにもその腕輪にぴったりの女はなかった。ところがある日、ためしに自分の娘の腕にはめてみると、ぴったりではないか。そこで彼は自分の娘と結婚することに決めたのだ。

若い姫はそれが承知できなくて、いろいろと父に抗議したが無駄だった。彼女は考えこんでいるうちに、一つの逃げ道を思いついた。

父の召使いの中に、彼女を父親のように愛してくれている羊飼があった。姫はこの人を訪ねていって、自分の事情を話し、屠畜した羊の皮を一枚もらいたいと頼んだ。そしてそれを手に入れると、それを身につけて、地に毛皮をひきずりながらお城を脱出したのだ。

道は森の間をぬけていたので、彼女は狼その他の野獣にあって、さんざん苦労をしなくてはならなかったが、それでもついにある都に来た。するとこの町のパディシャの羊飼がお城へ向ってゆくところだったので、姫はその羊の群にまじって城門のところまで来た。

しかし、下男が彼女をも一緒に小舎に入れようとすると、娘は「私は入りません」と言った。下男はおどろいてパディシャの許に行き、人間のように口をきく羊がいることを告げた。パディシャはその羊をつれて来いと命じた。

つれて来られたのは美しい娘で、名前をきくと〈毛皮むすめ〉だと答えた。パディシャは彼女に城の一室をあてがった。

このパディシャには息子が一人あった。パディシャはあらゆる町の若い娘を招いて祝宴を開いたが、それはこの祝宴で王子の気にいった娘があったら、王子がその娘に金の毬を投げつけて、その娘を花嫁にする筈だったのだ。このお祝いの日には〈毛皮むすめ〉も出席するように言われたが、彼女は出なかった。

　ところが、お城に誰もいなくなると、姫は毛皮をぬいで黄色い服をつけて、宴会の行われる庭園に出て行き、隅っこに引っこんでいた。だが、娘はとても美しかったので、王子はその姿を見つけると、すぐさま金の毬を彼女に投げつけた。

　姫は姿を見られたのに気づくと、すぐにお城に戻って、またもや毛皮をまとっていた。祝宴から帰ってきた女中たちは、とてもきれいな娘が現われて、王子が毬を投げたけれど逃げたことを、彼女に話した。娘はだまってそんな話を聞いていたが、「私だってこんな毛皮を着ていなかったら出かけたでしょうよ」と言った。

　パディシャはお祝いを十日続けることにした。二日目も、城に誰もいなくなると、姫は毛皮をぬいで、今度は緑の衣裳をつけて宴会に出かけた。王子は娘を見ると、すぐさま金の毬を投げつけた。あらゆる困難を切りぬけて、娘はまたもやお城に逃げこんだ。帰ってきた女中たちは、また例の娘が来たが逃げられたので、もし三度目にもつかまえられなかったら、王子は旅に出ると言っていたと話した。

　三日目には祝宴の場は警官が囲んでいた。お城に誰もいなくなると、姫は毛皮をぬいで、今度は純白の衣裳で席に現われた。王子はまたもや金の毬を投げたが、娘はそれを受けとめると、どのようにしてか警官の手をのがれて、姿を隠した。

　王子はいよいよ旅に出ることにした。みなは王子に贈物をすることになった。〈毛皮むすめ〉は大きなパイをこしらえ、金の毬を中に入れて、王子にさし出した。王子はこのおかしな贈物を笑って受取って、鞍のかくしに押しこむと、隊商を組んで出発した。

　こうして国から国へと訪ね廻ったが、どこにもあの娘さんはいなかったので、どこまでも旅を続けるしかなかった。ところが、やがて一行は強盗団に襲われて、王子は金もお伴も失ってしまった。その時ふと、鞍のかくしに入れておいたあのパイが目についた。お腹が空いていたので、彼はそれを食べはじめた。と、二度目に食いついた時に、あの金の毬が口にさわったではないか。これであの美しい娘は、自分の城にいるのだとわかった。そこですぐ引返しにかかって、さんざ途中で苦労はしたが、とうとうお城に帰ることができた。
娘が着ていた毛皮をやっとのことで切り裂くと、誰よりも美しい貴女が現われた。二人の婚礼のお祝いは、四十日と四十夜続いた。
（山室静『世界のシンデレラ物語』新潮選書より）

シンデレラは継母にいじめられ、苦しみました。しかし「毛皮むすめ」では、父親が近親相姦を迫ってくるのを嫌った娘が、全身にロバや豚などの動物の皮をかぶって、王宮に身を隠しています。シンデレラが全身灰まみれだったことを思い出してください。ここでは「灰」と「動物の皮」は象徴的には同じものだと考えられます。どちらも、それをかぶっている者の姿を見えなくさせ、死者の領域に近づけていく機能を持っています。

「毛皮むすめ」の伝承を仲立ちにしてみると、オイディプス神話の重要な要素であった母親との近親相姦の主題が、シンデレラ伝承群でも「変形」を受けて、重要な要素となっていたらしいことが推測されます。こうしてみますと、オイディプス神話を構成する重要な要素のほとんどすべてが、「形を変えて」シンデレラ物語にあらわれていることがわかってきます。親族関係における距離の遠近の問題から、跛行の主題にいたるまで、ふたつの話には明白な関連性が認められます。シンデレラの履くガラスの靴は、こんな深い秘密につながっていたのですね。

シンデレラの物語は、私たちをとうとうユーラシア大陸の暗い闇の歴史にまで連れ出してしまいました。しかし一方では、シンデレラ物語の構造が、現代の消費的な文明にもみごとにフィットする柔軟性を備えていることも、私たちはすでによく知っています。気の遠くなるように深い古代性と波乗りのように浮わついた資本主義の一側面が、シンデレラ物語の中では、なんなくひとつに結びあってしまっているようなのです。これはいったいどうしたことでしょう。私たちにはまだまだ人間のことがよくわかっていないのかも知れません。

終章

神話と現実

日本文化と神話的思考

最終回は、神話と現実についてお話しようと思います。みなさんはもうお気づきのことと思いますが、日本文化と神話的思考とは切っても切れない関係を保ちつつ、展開をとげてきました。天皇制のような政治制度だけではなく、芸術文化の広い領域で、神話的思考の活発な活動が認められますし、この傾向は今日まで続いています。とりわけ最近では、アニメーションやゲーム産業の中でかつてないほどの規模で神話的思考は活動をおこない、それは高い国際的な評価を受けています。西欧諸国では近代の成立の過程で抹殺されたり抑圧されてきた神話的思考が、特殊な発展をとげた日本の近代文化の中ではしたたかに生きつづけ、いまやそれがバーチャル文化の中で大繁栄をとげている、ということになるでしょう。神話を「人類最古の哲学」として探究してきた私たちとしては、この事態は素通りできません。

私がこれまでお話してきた神話的思考法というものと、現代のバーチャル技術の中で活発に活動している「神話」とのあいだには、どのような違いがあるのでしょうか。それともまったく性格を変えない古代的な能力が、現代テクノロジーの中で水を得た魚のように働いている、というにすぎないのでしょうか。これは、現代日本の文化を考えるときに、きわめて重要な視点です。今日の日本では、子供たちの文化を中心として、広範囲にバーチャルな領域の開拓が進んでいます。最先端のCGやアニメなどでも、視覚器官と大脳の視覚野の働きだけに世界を限定して、その中で想像力と欲望の動きを操作したり変形したりして、快感原則を満足させるために、きわめて高度な技術が動員されています。こういう領域の技術開発において、日本人は他にぬきんでた達成をおこなっています。

しかし、同時にそのことが社会全体の病理を悪化させるのに力を貸していることも、否定することのできない事実です。アニメやゲーム産業を見てみますと、知性活動が大脳の視覚野を中心とするごく狭い領域に限定され、しかもその活動はバーチャルで、ということは現実の世界の確かな手ごたえのあいまいな中間領域でおこなわれて、その領域を動いているのがプログラムを動かし操作する技術的知性とこの神話的思考だけだというのが、大きな特徴になっています。子供の思考は神話の思考法と深い関係を持っています。ですから今日の日本文化の光景は、きわめて高度な技術を持った子供のままの精神がつくりあげている、という批判を招くこととなっているのです。

どうやら現代日本のバーチャル文化は、神話的思考の様式だけをかつてのまま温存しているように思えます。「様式だけ」といったのは、そこには人類最古の哲学として生まれ成長してきた神話のもつ豊かな「内容」が捨てられて、ただその形態的な様式だけが、異様な快感原則の怪物として、あたりを跋扈《ばっこ》しているような気がしているからです。

日本文化というのは、今使っているこの「ことば」も含めて、きわめてフレキシブルな構造を持っています。新しい異質な要素があらわれてきても、そこに深刻な闘争や軋轢《あつれき》を引き起こすことなく、自分の内部に取り込んでしまえる能力を、日本文化は長い歴史を通して獲得してきたのです。そのために、私たちの思考や行動の中には、きわめて古いものが、ほとんど手付かずのままに残されているというケースが多いのです。日本人くらい近代社会をみごとに受け入れながらも、そこに神話的思考のようなものまで上手に接木《つぎき》して残した、という民族は少ないと思います。私たちはまだ神話的思考というものがなんであるか、触ってわかるぐらい生々しい感覚を保存しています。それほどに私たちの近代化は不徹底だったわけですが、この不徹底のおかげで、神話的思考が近代の思考によって絶滅させられることのないユニークな現代文明の一形態をつくってきたのです。

しかし、その神話的思考はいまやただ「様式だけ」になって、テクノロジー文明と結合することによって、逆に由々しい毒を流しはじめています。しかも日本文化全体が、同じ症状を呈しはじめています。フレキシブルにつくりあげられてきた日本の文化が、その闊達さによって、その独特の不徹底によって、いまかえって危機に陥っています。ですから神話の思考の豊かさを知った私たちは、ここで神話と現実という問題にとりくまなければならないのです。

具体性の世界

これまでお話してきた神話の思考方法は、具体性の世界に深く結びつけられていました。思考のベースに据えられているのは、人間の生きている具体的な世界のことでした。動物や植物、鉱物の世界についての具体的な知識、空気や水の流れに対する敏感な感覚、こういうものを素材にして、神話の世界は編み上げられていました。

この具体性の世界は、私たちの現代世界のように、眼と耳の情報だけで構成されていません。五感

（第六感も含めて）を通して私たちに流れ込んでくる、複合的な感覚の全体が、そこでは具体性の世界をつくっていました。このことは人類学という学問によって印象深く描きだされてきました。しかし、歴史の開始とともに、人間は合理化をはじめました。まず野生の動植物のかわりに家畜や栽培植物をつくりだしたのです。合理化は、過剰に豊かな現実から情報量の排除をおこなって、人間の思考と行動でコントロールできる領域を囲い込むことを意味しています。現実世界のあまりの豊饒さを除去して、計画や予測の可能な領域を拡大し、ついにはそれだけを「世界」であるとするにいたる、全体的なプロセスのことにほかなりません。

一万年ほど前から都市が発生しますが、この都市化が合理化をよりいっそう推し進めました。予測とコントロールの可能な領域を空間の中に確かに成立させ、その内部でおこなわれることだけに高い価値を認めようとする運動に、現実性を与えようとしたわけです。今日ではそれがヒトの神経組織や大脳の内部過程や無意識の過程や肉体の使用法にまで「内部化」して、そこを合理化し開発すべき新しい領野に変貌しつつあるために、私たちはいままであった「人間」の概念までが、大きく動揺しはじめているのを感じているのです。ＩＴ化がそれを促進しています。それに対応して、資本主義の本質が変わりはじめています。こうして形成されつつある世界の中で、私たちは「自由」であることの意味を考えなおさなくてはならなくなっています。神話の研究などが今日に意味を持つとしたら、そういう問題を根源から考えるための、大きなヒントをはらんでいるからです。

神話の拘束力

私たちの五感は都市的な世界の中で生きています。そこは合理化の進んだ世界ですから、五感から取り入れる感覚も、すでに高レベルで合理化されています。しかもそこはおびただしいイメージと情報の集積としてつくられた世界ですから（マルクスは私たちの世界は商品の巨大な集積としてつくられている、と書きましたが、ほとんどの商品はいまや物体性を失ってイメージや情報と化しています）、五感は高レベルに合理化されたイメージを受け取って、消費していることになります。コンピューターの性能は上がり、このイメージがかなり自在に操作できるようになって、CG技術は飛躍的に進化しました。しかし、そうしてつくられたイメージの鳥も森も水も、すでに合理化された自然しか再現していません。

こういう私たちの文化は大きな矛盾をかかえながら、進行しています。日本人はいまCG技術による自然の再現ということに関して、群を抜く能力を発揮してみせていますが、それはいまのアニメ文化を背負っている人々の体内に、合理化される以前の複雑で重層的な自然の記憶が生き残っているおかげなのであって、合理化された自然イメージばかりに取り囲まれて育った世代がこれを担うようになったときには、もはやそのレベルを維持することは難しくなるでしょう。ですから、アニメ文化自体がひとつの矛盾なのです。神話を考えることは、日本文化が直面しているこの深刻な問題に、深く関わっています。

神話論を、バーチャルな論理の領域の問題としてだけ語ることもできます。しかしそれは、結局神話を「様式だけ」からとらえることになってしまうでしょう。神話や民話の中から、論理や構造をとりだすだけでは、原初の哲学としての「内容」がすっかりなくなってしまいます。そうなれば、カントもヘーゲルも同じ論理を使っていました、と研究の末に報告するようなものです。神話の「内容」とは、その具体性の世界との関わりの中にみいだされます。

神話はたしかに現実の世界で起こっていることよりも、ずっと自由な思考をしているように見えますが、じっさいには別の種類の拘束にしたがっているのです。この拘束は神話の思考が具体性の世界に触れるところから生まれているものですから、バーチャルな領域で神話を自由自在に、まるでおもちゃのように扱っていると、このことは見えてきません。神話はまぎれもない哲学です。それが、宇宙の中で拘束を受けながら生きている人間の条件について思考しているからです。この拘束について の理解がないところで繰り広げられる神話ごっこは、どうやっても哲学となることはできずに、ただの「様式」だけで終わることになります。そうなるとどんなにすぐれたアニメ作品であっても、それは快感原則のためにささげられるただの消費物です。

幻覚の問題

この問題を考えるには、「幻覚」について考えてみるのがいちばんいいでしょう。人間は幻覚をつくりだす植物や薬物を、儀式の中などで古くから用いてきました。こういう植物や薬物は、ヒトに「現実ではない」バーチャルな体験を与えますが、神話はこれをどのように扱うのだろうかということは、これまであまり考えられてきませんでした。宗教というものは、さまざまな幻覚を積極的に自分のために利用してきました。そこで、幻覚の中にあらわれた体験を「神」の現出だなどと言ったりするのです。しかし、神話はもともとがひとつの哲学なのですから、思考を超えるものに対して、宗教のような、ある意味ではいいかげんな態度はとれないはずです。神話が具体性とのつながりを失って、宗教の側に呑み込まれていったときには、神話の変質が起こります。

そこでこれから、神話と現実というきわめて興味深い主題を探っていこうと思います。神話的思考が現実の世界とのつながりを失うとき、それはバーチャルな宗教思考の中に取り込まれていきます。そのときにつねに具体性の世界との接触の中で生きつづけてきた神話が、どのような変質をとげることになるか、これを古代インドの宗教の中で探ってみましょう。

写真はベニテングタケです（一九一ページ）。ベニテングタケはきわめて強い毒性を持ち、不用意に食べたりしますと、はげしい下痢だけではすまないで神経を冒されるようになります。強い幻覚作用を持っている植物です。このキノコが、人類の文化の中できわめて大きな働きをおこなってきました。人類の文化とベニテングタケは切っても切れない関係にあります。

バラモンの登場

このキノコはとりわけインドの古代宗教で重要な働きをしていました。「ソーマ」と呼ばれる液体、飲料が、このキノコからつくられていたと推測されているからです。ソーマは、インドの最初期の宗教的なテキストである、『リグ・ヴェーダ』の中に登場してきます。
インドには紀元前二千年期に、「アーリア人」が西北の地から、現在のアフガニスタンとインダス河の流域に侵入してきました。アーリア人は馬車を駆使して戦うきわめて戦略的な民族でしたが、同時に、穀物を栽培し、動物の飼育、中でも牛の飼育に重きを置いた人々でした。インド亜大陸にはもともとドラヴィタと呼ばれる人々が生活していましたが、好戦的なアーリア人はその豊かな世界に侵入をおこなって、そこにインドという新しい文明を築いたのです。彼らの中に、バラモンという宗教をおこなう人々の階級が登場します。この人々の宗教は、『リグ・ヴェーダ』の伝統を今も忠実に守っています。

この人々の言語は古典サンスクリット語の母体となったヴェーダ語で、これはインド・ヨーロッパ語族に属していますから、ヨーロッパ諸語とも深い関係があることがわかります。バラモンは複雑な儀式をおこなうための知識を世襲で伝えることによって、特殊なカーストを形成します。彼らはじつに複雑でときどきは意味不明なほど奇妙な祭式や供犠《くぎ》を執りおこないます。また『リグ・ヴェーダ』を一つの神話システムとしてみることもでき、そこには多くの神々やその他の超自然的な精霊からなるパンテオンがあり、こうした神々の所業を語る豊かな神話も発達していたのです。とくに有名なのは雷の神インドラや、火神としてひときわ目立つ崇拝を受けていたアグニなど、数えきれないほどの神々がそこにはつどっています。

神であり、植物であり、植物の搾り汁であり

そういう神様の中で最もユニークなのが「ソーマ」と呼ばれている神様でした。ですが『リグ・ヴェーダ』を実際に読んでも、ソーマが一体どういうものなのか、はっきりとはわかりません。わかることは、それがどうも植物らしいということだけです。その植物を搾って汁を取り出し、この汁を飲み物にして飲むと幻覚作用がもたらされるのです。

この植物がどういうものなのか、長いあいだまったく不明でした。もちろん現在にいたるまで、バラモンはソーマを儀式の中に使ってきていますから(これは現在私たちがインドを旅行して、外国人がいると近づいてくる妙に親切なインド人がすすめる、あのバグジュースと呼ばれているものに近いと思われます。ミルクとヨーグルトを混ぜて、そこに大麻などの植物を混ぜた飲料です)、それを調べればソーマの正体などすぐにわかりそうなものですが、ところがバラモンたちがソーマだと言って飲んでいるものは、『リグ・ヴェーダ』の記述とは似ても似つかないもので、バラモンたちもそれが本物のソーマでないことを、昔からよく承知して、偽物を代用品として使っていたのでした。

インドの宗教の兄弟にあたる、古代イランの宗教では、「ハオマ」と呼ばれる植物の飲料が、ソーマとよく似た機能を果たしてきました。これは軽い幻覚作用を持つ蔓植物の一種で、長いことソーマもこのハオマと同じものだろうと、言われてきました。しかし、それだとますます『リグ・ヴェーダ』の記述に合わないのです。

ソーマはそれによると、植物の搾り汁で、その搾り方に特殊な作法がつきそっています。植物その

ものが神であり、またその植物の搾り汁も神であるという、世界にもあまり例のない崇拝のされ方をした植物の正体は、こうして長いこと謎のままだったのです。

ソーマの正体を追って

では実際の『リグ・ヴェーダ』において、この植物の圧搾法と利用法について、どんなことが書かれているのか、詳しく見ていってみることにしましょう。

バラモン祭官たちは「ソーマの祭」で、叩くと音のする板の上で、この植物を石で叩いて汁を出し、それを飲んだと言われます。ソーマはまた「三回フィルターにかけられる植物」とも呼ばれています。三回搾るとも考えられますが、あとになって、これは文字どおり三種類のフィルターにかけられるものだということが、わかってきます。この汁を飲むと、バラモンたちは霊感にみたされ、高揚しきった意識の中で、エクスタシーに満ちた讃歌をつぎつぎと即興で歌い出したそうです。

このソーマという植物を摂取して、歌い出した歌は、酒を飲んで酩酊《めいてい》した意識の中で歌った歌とは歴然とした違いをもっています。たとえばつぎのような歌です。

燃える（ソーマ）のフィルターが、天の場に広げられた。その輝く網目は遠く広がった……
彼らは心で天の背に登る。

（『リグ・ヴェーダ讃歌』辻直四郎訳、岩波文庫）

汝の澄んだ光線は天の背にフィルターを広げる。ソーマよ……
（同前掲書）

アルコール飲料の場合とは違って、ソーマによる陶酔は飛翔力をそなえ、「光」や「網目」のように、服用した者の内部体験として、発光や放射の現象がおこっていることがわかります。また、その扱いが酒のように単純でないことも、よくわかります。とりわけ「フィルター」が大きな働きをもっているようで、これは化学的処方が手のこんだものだった印象を与えます。

ヴェーダの神々の中でとりわけこのソーマという神が愛されていたのは、その神が植物であるときには感覚で触れることができ、また汁となっては、光の現象として感覚にはっきりと姿をあらわすことのできる神であったからです。そのために、バラモンの中でも詩人的な体質を持つ人々にとりわけ愛され、多くの陶酔的な詩がつくられたのでした。

ソーマのつくり方は『リグ・ヴェーダ』に詳しく書いてあります。まず、乾燥したその植物を水で戻してから、すりこぎ状の石でつぶして柔らかくしています。黄褐色の汁が搾り器の溝にそって勢いよく流出する様子は、当時の誇張法で雷にもたとえられています。こうして搾りだした汁を祭官たちが飲むのですが、それを見ても、いまソーマと言ってバラモンたちが飲んでいるのは、どうも本物ではないということがわかります。現在のバラモンたちは、ヨーグルトやミルクに混ぜた大麻やハオマに似た蔓性の植物を、ソーマとして使っています。こういう植物は水で戻してからつぶして用いることもありませんし、また雷のような音を立てて搾り汁がほとばしることもありません。それにいちばんの問題は、ソーマは「三回フィルターを通す」と書かれていることです。こういう操作は大麻やチョウセンアサガオ系の植物では、必要とされません。

こういう植物学上の詳しい同定作業をおこなった末に、最近になってソーマの正体は「ベニテングタケ（学名Amanita Muscaria　英語名 fly-agaric）」ではないかという説が、ロシアの学者R・G・ワッソンによって提出され、多くの支持を集めるようになりました。私もこのワッソン説の支持者ですので、これからすこし彼の研究（R・G・ワッソン『聖なるキノコ――ソーマ』徳永宗雄・藤井正人訳、せりか

ベニテングタケ
昼はハリ（火の色）に見え（上）、夜は銀白に見える（下）
（R.G. ワッソン『聖なるキノコ――ソーマ』せりか書房）

書房）にそって、ソーマの正体に近づいていこうと思います。

ソーマ＝ベニテングタケ説

ワッソンは多くの状況証拠をあげていきます。まず『リグ・ヴェーダ』の次のような歌が注目されます。

昼はハリ（火の色）に見え、夜は銀白に見える。　（同前掲書）

この表現は、傘の部分が最も大きくなった時期のベニテングタケそのものです。前ページの写真をごらんください。ベニテングタケは真っ赤な色をしているので、昼間はハリ（火の色を意味しています）に見え、夜は、月明かりのなかで、銀色に輝いています。下の写真が、月光のもとで撮られた写真です。そして、胞子を放出する時期が近づいてきますと、このキノコの表面には白い格子《こうし》状の膜がはられます。これは、ベニテングタケの生態として、古くから知られていたことですが、『リグ・ヴェーダ』の中では次のように描かれることになります。

千のびょうをもつものとして、大いなる名声を獲得する。　（同前掲書）

ベニテングタケの生態と、『リグ・ヴェーダ』の中に描かれているこうした植物の描写は、ほぼ完全に一致してます。

またベニテングタケは祭式で使われるときは、乾燥したものが使用されるので、あらかじめ水に浸して、もとどおりにふくらます必要がありました。この状況を描いているのは『リグ・ヴェーダ』の次のような詩です。

桶の中に搾り出されたこのソーマは、杯の中へ注ぎ入れられる。インドラとヴァーユの愛でる〔ソーマ〕は、ヴァーユよ（ヴァーユは、風の神）、招待を受けてここへ来たれ。それに応じつつ、供物の分け前にあずかるために。搾られた茎〔の汁〕を飲め、〔十分に〕満足するまで。ヴァーユよ、インドラと汝は、これらの搾られた〔茎〕の飲料にあずかることができる。汚れなき〔汝ら〕は、それらを受けよ。〔十分に〕満足するまで。

インドラとヴァーユのために、凝乳（ヨーグルトのこと）と混合されるソーマは搾られた……。

（同前掲書）

「三回フィルターを通す」の意味

しかしソーマがベニテングタケに違いないと同定される根拠となったのは、次の事実でした。『リグ・ヴェーダ』に何度も何度も語られているように、この汁は三回搾られるとあります。これは「三回フィルターを通す」の意味で、そうやってはじめて摂取できるものにつくりかえられ、効果を発揮すると言うのです。

第一のフィルターは「天のフィルター」と呼ばれています。これはあきらかに、ソーマを天から運んできた太陽光線のことを言っています。つまり太陽光線という第一のフィルターを通して、天上の神の領域から、神々しいほどの意識の高揚をもたらす液体が、このキノコの中へもたらされたというわけです。

第二のフィルターは何かと言いますと、これは濾過器《ろかき》の働きをする羊毛をさしています。このことは『リグ・ヴェーダ』で明言されていることです。搾りだした黄褐色の液体を羊毛のフィルターを通して濾《こ》すのです。そうしますと、もとの搾り汁に入っていた繊維質がこの羊毛によって、取り除かれますから、澄んだ黄色の液体が取りだされます。

ところが、問題は第三のフィルターと呼ばれているものです。この第三のフィルターについては、きわめて不可解なことがたくさん書かれています。その真意は、シベリア原住民の習俗についての知識を持ったワッソンによって指摘されるまで、誰にもわからなかったことです。それは『リグ・ヴェーダ』の次のような文章です。

〔ソーマの〕液よ、インドラの胃の中で清まれ。熟知する汝は、船で川を〔渡る〕ように〔我らを〕向こうへ渡せ。勇者のように戦う汝は、我らを恥辱より救え。

（同前掲書）

インドラの胃の中へ入れ、とか、バラモンの胃の中に入って、そこで浄化されろという言葉がたくさん出てきます。これはいったいなにを意味しているのでしょう。この個所は『リグ・ヴェーダ』の翻訳上、一番難しい個所とされてきました。ですから、岩波文庫版も含め、フランス語版でも英語版でもだいたいここはあいまいな文学的表現でごまかしてきました。ところが、ワッソンは大胆にも、ここでフィルターの働きをしているのは、バラモンの身体そのものであると指摘したのです。

つまり、第二のフィルターの羊毛で濾したソーマの液体には、まだ多量の不純物が入っていて毒性が強いので、これを直接飲むと吐き気や下痢などを催す、そこでバラモンの体をフィルターにして、毒性を除去しようとしたのだ、というわけです。

これは端的に言いますと、バラモンがまだ不純物の混じっている液体を飲んで、体で濾過して不純物を取り去り、純粋な液体をおしっこにしてとりだし、それをみんなで飲んだということです。ワッソンはそれについて、こう書いています。

ソーマはベニテングタケであるという推測を、十分に根拠のあるものだと一応考えてみよう。そうすれば、第三のフィルターが何であるかはっきりする。

祭儀の中でインドラとヴァーユ（を演じる祭官達）によって飲まれるソーマの搾り汁は彼らの体内で濾されて、酔いをもたらす効能を保ったまま、吐き気を催させる特性を取り除いて、輝く黄色の尿として流れ出る。インドラとヴァーユ（を演じる祭官達）が、ミルクか凝乳（ヨーグルト）を混ぜたソーマの液体を飲んだ。ソーマを飲んだ彼らの状態は、おそらく非常に気にかかることであったようである。でなければ、彼らの体内を通るときのソーマに詩人が心を奪われていることを、どのように説明することができよう。詩人は祭官たちの酔いには力点をおいていない。そのかわりに、われわれをソーマといっしょにインドラの心臓の中へ、腹の中へ、内臓の中へ連れていく。

（R・G・ワッソン『聖なるキノコ――ソーマ』せりか書房）

フィルター役のバラモンが液体を飲んだときの高揚状態について、『リグ・ヴェーダ』には描かれていません。詩人はそういうことにあまり関心を持たなかったのですね。それよりもなんとかうまくこのフィルターを利用して、純粋に輝く黄金のソーマが濾過されてあらわれてきてほしいということばかりに関心を持っています。

こうしてソーマの祭りの正体が、あきらかになってきました。『リグ・ヴェーダ』のなかに描かれたソーマの祭りでは、ベニテングタケを搾って、その液体を神官たちが飲み、自分の体をフィルターにして尿として純粋な液体を取りだして、それをミルクに混ぜてみんなで飲んで、高揚感をもたらしていたというわけです。

しかし、二千年以上にわたって、インドでは、まったくこの現実はわからないままに、ソーマ讃歌が歌われ、一部ではソーマの代用品を用いての儀式がおこなわれ続けてきたことになります。『リグ・ヴェーダ』の宗教は、インドの中である意味ではバーチャルに理解され、そして実践されていたということです。ここにはインドの宗教が潜在的に持っている、バーチャルな特性がよく示されています。

歴史的推測

このワッソンの推論は、とても説得力があります。それにユーラシア北方ではシャーマンの儀式などで、さかんにベニテングタケが使われ、またそこにはなんと「尿」の扱いについての伝承も残っています。このソーマ＝ベニテングタケ説を認めることにしますと、インドでは二千年以上にもわたってソーマが何であるかわからないままに儀式を続けてきた、という気の遠くなるような話になってきます。

どうしてそんなことになったのでしょうか。これは推察するに、アーリア人たちの移動の歴史に関わりがありそうです。インドへ侵入したアーリア人たちは、中央アジアのカフカス地方から東に向かって、移動をはじめました。このアーリア人はすでにその出発地であった地帯を出る時に、「ヴェーダの宗教」といわれるものを完成したのでしょう。つまり『リグ・ヴェーダ』のもとになった宗教は、インドの地ではなく、もともとの出発地で形成されたものだったのです。そこではおそらく何千年にもわたって、ヴェーダの原型的な宗教がおこなわれ、そこではベニテングタケがソーマと呼ばれて、ふんだんに儀式の中で使われていたと推測されます。そしてじっさいこのカフカス地方や中央アジアの地帯では、ベニテングタケがたくさん採取されているのです。

代用品の登場

このアーリア人は、紀元前二千年期に大移動をはじめました。彼らはインド平原やイラン高原に侵入していきましたが、そこはもはやベニテングタケが生息していない、あるいは採取されるとしても、ごくわずかな量しか採れないということに気づいたときは、大変に驚き困惑したことでしょう。『リグ・ヴェーダ』の最古層に属すると思われる章を読んでみますと、ソーマを搾る植物は、乾燥品を水で戻して搾っているのではなくて、採ってきたばかりのものをそのまま直接搾っています。インド平原で新しく彼らの文明を築こうとしたバラモンたちは、とりたての生の形ではベニテングタケを採ることができなくなっていました。そこでたぶんアフガニスタンや中央アジアの遠い地帯から、あるいはさらに北方の地方から、ベニテングタケの乾燥したものを手に入れようとしたのでしょう。そうやって手に入れた乾燥ベニテングタケを水で戻し、それを搾るという操作を通じて、ソーマの液体を得ていたのです。

インド人も最初の頃はまだ記憶が残っていたようです。ソーマとはベニテングタケのことで、そのキノコの汁を搾って液体を取り出し、これを服用すると意識に高揚感がもたらされ、神々の領域に近づいていく効果が得られたことを、初期のヴェーダ詩人たちは記憶していたようです。ところが、生の現物が手に入らなくなってしまいました。そうなると乾燥品でもいいから手に入れようということになるでしょう。たくさんの商人たちが、乾燥ベニテングタケを手に入れるために、北方に派遣されたと思います。

　ところが、だんだんとその途中に、大帝国が出来てくるようになりますと、商人たちのルートも途絶えがちになり、とうとう大量のベニテングタケを北方から手に入れることをあきらめなければならない時代がやってきます。乾燥したものにせよ生のものにせよ、インドのバラモンたちは、ベニテングタケを手に入れることができなくなってしまったのです。

　それでも、彼らは自分たちの宗教儀式を続けなければなりません。ソーマを摂取し続けなければなりません。そこで、彼らはいろんな代用品をこれに代えることにしました。代用品は大麻、あるいはハオマに近い蔓性の植物でしょう。それを使ってソーマ讃歌を歌い、儀式を続行するのです。そのうちにいつしか、ソーマとはそもそも何であったのかさえ、わからなくなってしまいましたが、儀礼は続行されたのです。

神話と宗教

　このように宗教は、ある意味では現実から乖離して、現実の対応物をみいだささないままでも、そこに純粋な思考や幻想や想像力を投入することによって、自分を作り上げていくことができます。ところが、意外なようですが、神話にはそんなまねができないのです。いや、そういうのは苦手だと言ったほうがいいでしょうか。私たちはここでいわゆる「自然民族」の神話のことを考えていますが（国家をつくりだしたりしなかった人たちの世界で、原初的な哲学として語られていた神話のことです）、そういう社会において神話はいつも現実の具体的な存在や事象を離れては、ありえないものでした。神話の素材は五感がとらえる現実ですし、創造の材料となっていたのは、現実の社会構造や環境や自然の生態のことです。神話はそうした具体的な現実から完全に離れてしまわないところで、いわば「つかず離れず」の関係でつくられ、また語られていたものです。

ところが宗教は、現実の対応物をみいだせないところでも、抽象的な思考力や幻想の能力によって、観念の王国をつくりあげることができます。これはたぶん「国家」などという、具体的な人間関係の中にはどこにもみいだせないものを、具体的な社会の上位につくりだそうとした、観念の運動と連動して生まれたものでしょうが、こういう宗教の中に神話が取り込まれるようになると、神話そのものの性質が変化を起こしてしまいます。神話がバーチャルな思考の領域に移されるようになります。そうなると、神話は現実との弁証法的関係を失ってしまうようになります。

では、「自然民族」のあいだでは、ソーマの実態であったベニテングタケは、どんな風に扱われていたのでしょうか。また神話はそれをどう描いたのでしょうか。これはとても興味深い問題です。

シベリアの習俗

ユーラシア大陸の広い範囲にわたって、ベニテングタケを用いた儀式とその神話が拡がっています。そしてごく最近まで、これがまことにいきいきとした姿で残されていたのが、シベリア北東部の人々の文化です。

彼らは幻覚作用を持つベニテングタケを用いて、陶酔に入る儀式を好みました。しかもこの人々の文化では、尿がとても重要な働きを持っていたのです。古代のアムール流域の住民について、中国人が報告をおこなった「魏志東夷伝《ぎしとういでん》」には、この地方の住民は、室内のまん中にトイレの桶を置いておいて、そこにみんなが排尿をして、溜まった尿で体や食器を洗うという、とんでもなく不潔なことをしていると苦情が書かれています。この地帯の人に、今ではそんな風習は残っていませんが、エスキモーたちは自分たちのおしっこを大事にして、飲んだり、顔を洗ったりしていました。

それにシベリアには、尿に異様に敏感な動物が生息しています。トナカイです。トナカイは、人間の尿にフェチと言ってもいいくらい夢中なのです。そのため、野生のトナカイを捕まえるためには、まずおしっこをしてトナカイたちを引きつけます。こういう習俗を見ていますと、ユーラシア大陸の北方で、かつて尿が思考や儀礼的実践にとって、大きな意味を持っていた文化が存在していたに違いない、と考えても、あまり無理はないように思えます。すくなくとも、バラモンの体をフィルターにしていた儀礼があったはずだという仮定も、それほど突拍子もないものには思えなくなります。

現在のフランスのトリュフを追いかける豚に関しても、同じことが言えるでしょう。豚たちは、人間のおしっこの匂いがとても好きです。それはトリュフがよく似た匂いを発しているからです。こういうことから、動物とキノコ、人間の体がおこなう生理作用、これらがひとつに結び合って、ひとつの文化システムをつくっていた可能性が考えられるわけです。

ベニテングタケ娘の神話

そこで最後に、カムチャツカ半島の先住民イテリメン族が伝承していた、「チェリクトフとベニテングタケ娘」の神話を、ご紹介することにしましょう。チェリクトフというのは、北方神話によくでてくる文化英雄の名前です。また、大ワタリガラスのクトフは、この世界の大トリックスターとして創造主の働きをしていました。このクトフの娘がシナネフトです。神話はこの二人の結婚の場面からはじまります。

チェリクトフが大ワタリガラスのクトフの娘のシナネフトに求婚した。彼は、彼女のために働き、たくさんの薪を運んで、ようやくシナネフトと結婚した。彼らはいっしょに暮らすようになり、大いに楽しんだ。シナネフトは息子を生んだ。ある時、チェリクトフは森へ出かけて、そこで美しいベニテングタケの娘たちを見つけ、その娘たちと森に留まって、妻のことは忘れてしまった。さてシナネフトは、心配して、待っていた。「一体あの人はどこにいるのかしら。きっと、殺されたのだ」。シナネフトたちといっしょに彼女のおばで、クトフの妹に当たる老婆が暮らしていた。彼女はこう言った。「シナネフト、夫を待つのはおよし。彼はもうずっとベニテングタケ娘たちといっしょだよ。息子を父親のところへおやり」。

少年は父親のところへ行って、こんな歌を歌った。「僕の父さんチェリクトフ。僕の母さんシナネフト。父さん忘れた、僕たちのこと」。チェリクトフは息子が歌っているのを耳にして、こう言った。「行って、あの子を熱い燃えさしで焼いてしまえ。あの子に、俺は父親ではないと言ってやれ」。ベニテングタケ娘たちは燃えさしをもっていって、少年に押しつけ、その両手にやけどをさせた。「熱いよー母さん。燃えさしで僕を焼くよー」と叫んで、少年は母親のところへ帰っていった。帰ってくると、母親は尋ねた。

「さあ、お父さんは何て言ったの」。彼は答えた。「『俺はおまえの父さんではない』と言った。ベニテングタケ娘たちに熱い燃えさしで僕を焼くように言って、お手てを焼いた。やけどで、痛い。僕は明日は父さんのところへ行かない。また熱い燃えさしで焼かれるから」。

翌朝老婆は彼をまた父親のところへやった。そして、こう言った。「もう一度行っておいで。もう一度こう歌いなさい」。

（ここはちょっと省いてあります。実は、このプロセスが二回続きます。この少年は二回、燃えさしでベニテングタケ娘からひどいめにあってくるわけですね。それで、三回目。）

「父さん、僕たち明日、宝物をぜんぶもっていってしまうよ。父さんは森に残る、ベニテングタケ娘のところに。父さ

岩絵に描かれたベニテングタケ娘
（荻原眞子『東北アジアの神話・伝説』）

んたちは後になってみんな飢え死にだ」と。少年は父親のところへ出かけて、歌いはじめた。「父さん、僕たち明日、宝物をぜんぶもっていってしまうよ。父さんは森に残る。ベニテングタケ娘のところに。父さんたちは後になってみんな飢え死にだ」。

チェリクトフは息子が歌っているのを聞いて腹を立てた。「娘たちよ、行って奴を革紐でうんとぶん殴って、火で焼け。ここへ来させるな」。ベニテングタケ娘たちは火をもち、革紐をもって、少年をむち打ち、火で焼いて、追い払った。少年は泣いて、母親のところへ戻ったが、全身にやけどをしていた。老婆が彼に息を吹きかけると、やけどはすぐに消えた。老婆は、「さあ、シナネフト、支度をして、森へ行こう」と言った。

彼らは支度をし、獣を一匹残らず呼び集めた。森へ向かい、森に着くと高い山を選んで、そこへ登った。山に水を注ぐと、氷山ができた。

チェリクトフは森へ行ったが、一匹の獣も捕れなかった。足跡がすっかりなくなっていた。チェリクトフとベニテングタケ娘たちは空腹になった。彼らは何を食べたらよいのだろうか。

（荻原眞子『東北アジアの神話・伝説』東方書店より）

すべてがちょうどよいところで

このあとにも長い話が続きますが省略します。粗筋だけ言えば、チェリクトフはとうとう食べ物がなくなって追いつめられて、後悔して家に帰ってくる。後悔して帰ってきた親父を、みんなは何事もなかったかのように迎えます。ところが、ベニテングタケ娘たちは水がなくなって、死んでしまうのです。この神話は、『リグ・ヴェーダ讃歌』とは違って、現実のじつにヴィヴィッドなことを描いています。これを見ると、イテリメン族がベニテングタケの儀礼を森の中でじっさいにおこなっていたことが、はっきりわかります。

神話はつぎのようなメッセージを伝えようとしています。ベニテングタケのもたらす幻覚作用がきわめて魅惑的で、現実の世界を忘れさせてしまうほどだったことが、魅力的な森の「ベニテングタケ娘」によって表現されています。森の中でベニテングタケ娘の誘惑にあったチェリクトフは、自分の家族を捨ててまでも、森にとどまろうとします。この娘の誘惑は、自然の誘惑する魔力にほかなりません。チェリクトフは自然の誘惑に完全にはまってしまったのです。そして家にも戻ってこなくなります。そこで、子供が父親を連れもどしにやられますが、魔女のようなベニテングタケ娘は火傷を負わせて追い返しています。そこで、妻の復讐がはじまります。

チェリクトフとシナネフトの夫婦の関係が絶たれてしまいます。シナネフトたちは山の中へ入っていき、そこに大きな氷山をつくります。氷山をつくって、山から流れ落ちる川を堰《せ》き止めようというのです。ワタリガラスの妹であるシナネトフはここでは明らかに、鳥の神をあらわしています。彼女はギリシャ・ローマ神話のダイアナのような、山の狩猟の獲物を与えてくれる「動物たちの王」なのです。山の神が水を堰き止めてしまいますと、川の漁労も山の狩猟もできなくなって、浮気者のチェリクトフもこれには降参です。

ここにはふたつの種類の関係性のことが語られています。ひとつは「すべてがちょうどよい距離とよいつながりを持っている世界」で、人間は自然にも傾かず、文化にも偏重せずに、自然と文化のちょうどよい均衡点で生きる状態をさしています。社会的にも、自然との関係においても、仲介された生き方と言えるでしょう。

もうひとつは、過剰に自然の側に偏ってしまった状態です。ベニテングタケ娘の魅力に負けて、家に帰るのも忘れて若い愛人のもとに入り浸りのチェリクトフは、このような自然の魅惑にはまり込んでしまった状態をあらわしています。おかげで、夫婦関係が断絶してしまいます。そうすると自然と文化のあいだの仲介者がなくなって、自然の富がもたらされなくなります。自然の魅惑にはまり込みすぎると、逆に自然からなにももたらされなくなる、という思想がここには表明されています。

神話は警告する

イテリメン族はベニテングタケがもたらす幻覚作用を、魅惑的な自然の誘惑ととらえましたが、神話では誘惑はほどほどに付き合うときにはいい効果を発揮するけれど、それにずっぽりはまるのは危険だという警告を語っています。じっさいには、彼らはベニテングタケの儀礼が大好きだった人たちですが、神話は思考する哲学として、これに宇宙的規模での裁定を下そうとしています。

このとき神話は現実と幻想のあいだにたって、二つを仲介しようとしています。その上で、幻想の世界に埋没することの危険を知っています。神話はこのように、現実との対応を絶対に失わないようにしています。ところが私たちは浮気なチェリクトフのように、現実の世界を捨てて、ベニテングタケ娘の与える快感にはまってしまいたいという欲望も、ひそかに抱いています。いいかえれば、現実を失ってでも、バーチャルの世界へ入ってしまおうとする可能性を、常に持っている生き物なのです。私たちの心は、現実の世界の豊かさや複雑さを、五感を通して受け入れようとしていますが、同時に、心の中の完全に自由なバーチャルな領域に呑み込まれたいとも思っています。ベニテングタケ娘の誘惑は、今ここにある危険なのです。

その危険性に向かって、神話は警告を発してきました。人間が自分の心の内部のバーチャル領域にあまりに深く踏み込んでいくとき、人間は宇宙の中でもバランスを失います。すると、山は閉ざされ、氷河が覆い、地上には荒廃が支配するようになるでしょう。私たちの現代文明は、いたるところベニテングタケ娘の誘惑に満ちています。バーチャルな本質を持った文化が、それを手助けしています。こんなとき神話ならなんと言うでしょう。具体性の世界の豊かさをもういちど確かめなさい、と語るにちがいありません。それが「様式だけ」ではない、「内容」を持った神話というものです。

神話学入門のお話は、これでおしまいです。難しいところもあったかと思います。よくつきあってくれてありがとうございました。

（二〇〇一年四月一九日～二〇〇一年七月五日）

タ

ナ

ハ

索引

le livre

人類最古《じんるいさいこ》の哲学《てつがく》

カイエ・ソバージュ I［新装版］

二〇二三年七月一一日　第一刷発行

著者　中沢《なかざわ》新一《しんいち》

発行者　鈴木章一

発行所　株式会社　講談社
東京都文京区音羽二-一二-二一　郵便番号一一二-八〇〇一
電話　編集　〇三-三九四五-四九六三
販売　〇三-五三九五-四四一五
業務　〇三-五三九五-三六一五

ブックデザイン　鈴木成一デザイン室

本文印刷　株式会社新藤慶昌堂

カバー・表紙印刷　半七写真印刷工業株式会社

製本所　大口製本印刷株式会社

ISBN978-4-06-532347-2　N.D.C.100　210p　19cm

KODANSHA

著者略歴

中沢新一 なかざわ・しんいち

一九五〇年生まれ。東京大学大学院人文科学研究科修士課程修了。京都大学特任教授。思想家。

著書に『増補改訂 アースダイバー』（桑原武夫賞）、『カイエ・ソバージュ』（小林秀雄賞）、『チベットのモーツァルト』（サントリー学芸賞）『森のバロック』（読売文学賞）『哲学の東北』（青土社、斎藤緑雨賞）など多数ある。

世界樹

もとは北欧神話に出てくる世界を支える樹。
宇宙樹ともいう。
世界の中心に幹を伸ばし、枝葉は世界を覆う。
根は三本あり、それぞれ人間界、巨人界、冥界に伸びている。
根のそばの泉で神々が毎日集い、様々なことを協議し、審判を下す。
生と叡智、思惟の象徴。

le livre

フランス語で「本」を意味する《livre》に定冠詞《le》をつけた
「ル・リーヴル」は、講談社選書メチエの中に新たに設けられた
特装版シリーズです。従来の講談社選書メチエの枠を超える形式
やテーマを試みたり、物質としての本の可能性を探ったりします。
今あらためて「本というもの」を問い直すために——。

講談社選書メチエの再出発に際して

講談社選書メチエの創刊は冷戦終結後まもない一九九四年のことである。長く続いた東西対立の終わりはついに世界に平和をもたらすかに思われたが、その期待はすぐに裏切られた。超大国による新たな戦争、吹き荒れる民族主義の嵐……世界は向かうべき道を見失った。そのような時代の中で、書物のもたらす知識が一人一人の指針となることを願って、本選書は刊行された。

それから二五年、世界はさらに大きく変わった。特に知識をめぐる環境は世界史的な変化をこうむったとすら言える。インターネットによる情報化革命は、知識の徹底的な民主化を推し進めた。誰もがどこでも自由に知識を入手でき、自由に知識を発信できる。それは、冷戦終結後に抱いた期待を裏切られた私たちのもとに差した一条の光明でもあった。

その光明は今も消え去ってはいない。しかし、私たちは同時に、知識の民主化が知識の失墜をも生み出すという逆説を生きている。堅く揺るぎない知識も消費されるだけの不確かな情報に埋もれることを余儀なくされ、不確かな情報が人々の憎悪をかき立てる時代が今、訪れている。

この不確かな時代、不確かさが憎悪を生み出す時代にあって必要なのは、一人一人が堅く揺るぎない知識を得、生きていくための道標を得ることである。

フランス語の「メチエ」という言葉は、人が生きていくために必要とする職、経験によって身につけられる技術を意味する。選書メチエは、読者が磨き上げられた経験のもとに紡ぎ出される思索に触れ、生きるための技術と知識を手に入れる機会を提供することを目指している。万人にそのような機会が提供されたとき初めて、知識は真に民主化され、憎悪を乗り越える平和への道が拓けると私たちは固く信ずる。

この宣言をもって、講談社選書メチエ再出発の辞とするものである。

二〇一九年二月　　野間省伸